什么是列宁主义

主　　编　闫　玉

副 主 编　孔德生　王雪军

本册作者　王培川

中华工商联合出版社

图书在版编目（CIP）数据

什么是列宁主义 / 王培川编著. --北京：中华工
商联合出版社，2014.3
　ISBN 978-7-80249-971-3

　Ⅰ．①什⋯ Ⅱ．①王⋯ Ⅲ．①列宁主义－青年读物②
列宁主义－少年读物 Ⅳ．①A82-49

　中国版本图书馆 CIP 数据核字（2014）第 034662 号

什么是列宁主义

作　　者：王培川
出 品 人：徐　潜
策划编辑：魏鸿鸣
责任编辑：林　立
封面设计：徐　超
责任审读：李　征
责任印制：迈致红
出版发行：中华工商联合出版社有限责任公司
印　　刷：固安县云鼎印刷有限公司
版　　次：2014 年 4 月第 1 版
印　　次：2021 年 10 月第 2 次印刷
开　　本：155mm×220mm　1/16
字　　数：70 千字
印　　张：10.75
书　　号：ISBN 978-7-80249-971-3
定　　价：38.00 元

服务热线：010－58301130
销售热线：010－58302813
地址邮编：北京市西城区西环广场 A 座
　　　　　19－20 层，100044
http://www.chgslcbs.cn
E-mail：cicap1202@sina.com（营销中心）
E-mail：gslzbs@sina.com（总编室）

工商联版图书

凡本社图书出现印装质量
问题，请与印务部联系。

联系电话：010－58302915

目 录 *Contents*

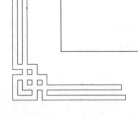

一、伟大的无产阶级革命家列宁

（一）早年列宁

列宁，原名弗拉基米尔·伊里奇·乌里扬诺夫，1870 年 4 月 22 日出生于俄国伏尔加河畔的辛比尔斯克城。列宁的父亲伊里亚·尼古拉也维奇·乌里扬诺夫是当时省的国民教育总监，有着一定的权力和地位。列宁的母亲是一位家庭妇女，为人正直，善良。列宁的父母亲关系融洽，他们很爱护这些孩子们。

列宁在家里排行老三，他们姊妹六个相处得也很融洽。哥哥亚历山大在彼得堡大学，学习优异，由于积极参与民意党谋刺沙皇的准备工作，于 1887 年被处死刑，死时年仅 21 岁。哥哥的死给列宁带来了很大的冲击，也加大了他推翻沙皇俄国制度的决心。姐姐安娜从 1886 年开始参加革命运动，多次遭到沙皇政府的逮捕。妹妹奥利嘉很有天分，可惜在高等女子学校读书时患伤寒病去逝了。弟弟德米特里学习成绩优异，是一位职业医生，从 1897 年开始从事革命活动。小妹妹玛丽亚，在大学读书时也参加了革命活动，成为了一名职业革命家。

列宁从小就是一个正直、勇敢、善良的孩子。这源于父母对他良好的教育。列宁的父亲出生在一个贫困的家庭，本来拮据的状况让生活很艰难，但不幸的是，列宁的父亲七岁那年变成了孤儿，与哥哥相依为命。哥哥竭尽全力支持他读书，他便开始了一边打工一边上学的生活。好在他有着非凡的才干和坚忍不拔的毅力，1854 年从喀山大学毕业。列宁的父亲既有生活的历练，又有丰富的学识，他反对沙皇制度，一心想救助于劳苦大众。他向当时没有受过教育的人民传播知识，引导劳动人民摆脱愚昧和压迫。

列宁的母亲虽然是一位家庭主妇，但是她和蔼可亲，性格坚毅。她是当时一名著名医生的女儿，由于条件所限，她并没有进入学校进行过最正规的教育，但是她却聪敏好学，从小有良好的家庭教育，大量阅读了各种书籍，不仅掌握很多门类的知识，还精通音乐，并且热爱生活，做得一手好家务。

父亲深知求学的不容易，所以一直很注重对孩子们的教育。父亲常给孩子们讲一些自身的经历，教会他们知识的重要性和好生活的来之不易。这样一位言传身教的父亲灌输给孩子们积极向上的思想，以至于他们都勇敢地加入了革命队伍。列宁也是如此，父亲的知识教育和母亲的人格培养，为列宁日后的壮举奠定了基础。

母亲用善良淳朴的性格影响着孩子们的行为习惯。当列宁犯错误时，母亲并不是选择打骂的教育方式，而是不断地说教和鼓励。

好的家庭造就了好的性格，列宁从小性格开朗，聪明好学，五岁开始和母亲学习读书认字，学习音乐和其他语言，上了学后，学习成绩优异，从未让父母担心。列宁较早地获得了正确的家庭教育，不仅养成了爱读书的好习惯，并且能流利地说几门简单的外国语，能弹一些简单的儿歌曲目，而且做起事来都非常认真。除此之外，列宁还非常热爱运动，跑步、游泳、跳绳等，经常在课余时间和附近的小朋友玩耍。又一次，列宁和往常一样和伙伴们在河边玩耍时，有一个小朋友的鞋掉在了河里，伙伴们纷纷下河去找，但只找到了一只，其他的孩子都感觉筋疲力尽，决定要放弃了。但是列宁却一直信心满满，直到把第二只鞋从河里找到，交到了小伙伴的手里。

列宁做事认真负责，当然也体现在学习

上。他学习成绩优异，头脑聪明，老师讲解过的知识点一点就透，回答问题时语言流利，条理清晰；做算术题时迅速、准确，还不时能找到简便算法；在写作上，观点明确，善于运用优美词汇，总是在打好草稿后，工工整整地抄写到卷子上。

列宁不仅学习成绩优异，还善于带头举办各种活动。比如他九岁那年，就在家里举办了《星期六》周刊。小小的他变成了主编，带领七岁的妹妹一起编纂稿件，内容丰富多彩，还有漂亮的插图和封面。在大家阅读和讨论《星期六》的过程中，自然给列宁带来更多的灵感，并且更利于拓宽他的知识面和视野。

列宁成绩优异，善于组织，还在课余时间阅读大量的书籍。由于他在课堂上认真听讲，家庭作业自然不是难题，回家后快速地将自己的作业做完，余下的时间列宁就会用它来看课外书，这个习惯伴随他终生。读中学的时候他已经读了很多古典文学的书籍，他不仅爱读书，还有每读完一本书就写下评论或者感想的习惯，他通过这样的方法掌握俄国的历史事件，扩大眼界。家庭是影响列宁政治思想的主要阵地。1885 年暑假期间，从哥哥那儿获得《资本论》一书，这是对列宁之后的成就有深远意义的书，得到后他就如饥似渴地读了起来，对他掌握马克思主义有了极大的帮助。

列宁十六岁那年父亲病逝，十七岁那年哥哥被处决。连续的重创和打击使列宁一下变得沉稳、敏锐，也激发了他推倒沙皇制度的决心，加入到革命的大潮中去。

（二）列宁的革命生涯

列宁作为一名伟大的革命家，从青年时代就积极参与革命活动。他 1887 年就读于喀山法律系的时候因在学校参加学生运动被开除学籍，流放到喀山附近的柯库什基诺村监视居。1888 年回到喀山，进入喀山马克思主义小组，成为一名积极分子。1889 年在全家搬迁至萨马拉后，组织了当地第一个马克思主义小组。

1892 年，列宁第一本著作《农民生活中新的经济变动》出版。同年，获得沙俄政府教育部批准，以彼得堡大学法律系校外旁听生资格赴彼得堡参加大学毕业国家考试。随即进入彼得堡一家律师事务所从事见习律师，并参加了当地马克思主义者组织的工人小组活动。

1893 年，移居彼得堡，为在俄国建立一个无产阶级革命政党做了大量工作。1894 年写成《什么是"人民之友"以及他们如何攻击社会民主主义者》一书，全面批判民粹派的经济政治理论，特别是唯心主义世界观。

1895 年秋，在列宁的领导下，彼得堡所有的马克思主义小组联合起来，组成了"工人阶级解放斗争协会"。这个斗争协会是以群众性工人运动为基础的革命的马克思主义政党的萌芽。但是在它只活动了不长时间后，以列宁为首的一批骨干就被逮捕了，并被流放到西伯利亚。在流放期间列宁仍然不停地总结了该协会的斗争经验，用以指导俄国马克思主义政党的建设工作。1898 年 3 月初，俄国的一批社会主义者召开了第一次党的代表大会，当时还在流放的列宁宣告了俄国社会民主工党的建立。以列宁为首的流放者集会宣布加入社会民主工党。

1900 年列宁创办的《火星报》和 1901～1902 年期间他写的《怎么办?》一书，粉碎了经济主义。1903 年 7 月在俄国社会民主工党召开的第二次代表大会上通过了党纲和党章。在讨论党章时，党内产生了尖锐分歧。诞生了以列宁为首的布尔什维克和以马尔托夫为首的孟什维克。第二次代表大会之后布尔什维克同孟什维克推行的机会主义组织路线和策略路线进行了不可调和的斗争。

1905 年俄国第一次资产阶级民主革命爆发后，在列宁的领导下召开了党的第三次代表大会，制定了布尔什维克在这次革命中的策略。在革命日益走向高潮的 11 月上旬，列宁从国外回到了彼得堡，以加强对布尔什维克中央委员会和彼得堡委员会的领导工作。在斗争紧张、工作繁忙的日子里，列宁还十分关注党中央的机关报《新生活报》的编辑出版工作。他参加该报编辑部的会议并撰写文章，宣传党的策略思想。使这份报纸在党的生活和革命斗争中起了重要的作用。1905 年 12 月当莫斯科工人举行武装起义时，列宁赞扬了工人们的壮举，并号召彼得堡的工人支援他们的斗争。

革命失败后，列宁于 1907 年 12 月离开俄国，流亡在西欧的巴黎等地，在相对贫困的条件下坚持从事政治写作。为回应对社会主义革命问题的争论，他在 1909 年完成了《唯物主义和经验批判主义》一书，日后成为马克思列宁主义的基本哲学原理。

1914 年第一次世界大战爆发后，列宁提出了"变帝国主义战争为国内战争"的革命口号，并于 1916 年春，在苏黎世完成了一部理论著作《帝国主义是资本主义的最高阶段》。战争的爆发对俄国来说在军事上和政治上都是一场大灾难，使人们对整个沙皇制度极为不满。1917 年 3 月沙皇政府被推翻，列宁得悉沙皇垮台后，立即返回了俄国。归国后，他敏锐地察觉到民主党虽然已经建立了一个临时政府，但并非大权在握；共产党虽然人数不多，但此时却是夺取政权的良机。因此他号召布尔什维克立即组织推翻临时政府，用一个共产主义政府来取而代之。在 7 月举行了一次起义，但未成功，列宁被迫转入地下。

1917 年俄国二月革命后，列宁结束了长期的流亡生活，回到了俄国。针对俄国两个政权并存的局面，在著名的"四月提纲"中，为党和无产阶级制定了从资产阶级民主革命过渡到社会主义革命的纲领和革命和平发展的策略路线，接着，他在 1918 年 3 月布尔什维克党第七次代表会议上所作的报告中又进一步发挥了"四月提纲"中的原理，从 4 月到 7 月 90 天的时间里，列宁一面领导中央委员会的工作，一面直接指导《真理报》编辑部的工作。先后写了 150 多篇文章和几本小册子，宣传布尔什维克党的策略方针，从而武装了布尔什维克，增强了他们对革命必胜的信念。

1917 年 11 月 7 日（俄历 10 月 25 日），俄国首都彼得格勒的工人赤卫队和士兵在列宁和布尔什维克党领导下首先举行武装起义。以停泊在涅瓦河上的"阿芙乐尔号"巡洋舰的炮声为信号，彼得格勒的工人和士兵开始向冬宫发起攻击，深夜攻入冬宫，逮捕了临时政府成员。克伦斯基逃亡，临时政府被推翻。当晚，在斯莫尔尼宫召开第二次全俄苏维埃代表大会，宣布临时政府被推翻，中央和地方全部政权已转归苏维埃。第二天，列宁在大会上作报告，大会通过了《和平法令》和《土地法令》，组成了以列宁为主席的第一届苏维埃政府——人民委员会，世界上第一个社会主义国家宣告诞生。彼得格勒武装起义的胜利，奠定了苏维埃政权胜利前进的基础。

列宁是社会主义建设的指导者。十月革命胜利后，俄国进入了新的历史时期，列宁是发扬社会主义民主、克服官僚主义的积极倡导者。他对苏维埃国家机构中的拖拉作风、文牍主义深恶痛绝，认为它是阻碍社会主义事业前进的"敌人"之一。列宁是改革国家机关的推动者，在他看来，要有效地克服官僚主义，就必须改革国家机关，使其密切地联系群众，选拔优秀的工人、农民和知识分子到重要的经济岗位上去，还要建立起明确的职责和民主检查、监督制度，对于因官僚主义造成重大损失者，应分别情况给以处分，而克服官僚主义的根本途径是提高广大人民群众的文化程度。

（三）列宁的人格魅力

列宁的人格魅力体现在他长期的工作与生活实践之中，他善于接近群众、勇于开展自我批评、不搞个人特权、从不摆官架子。

十月革命刚刚胜利，人民委员会在斯莫尔尼宫召开，在门前站岗的是新战士洛班诺夫。班长叮嘱洛班诺夫同志，要检查每个人的通行证，以免有坏人混进来，保证会议的安全。这时列宁朝斯莫尔尼宫走来，他一边走，一边在考虑什么问题。洛班诺夫拦住了他，并要求他拿出通行证。正当列宁从衣服兜里掏通行证时，一位来开会的同志见状，就生气地嚷起来："放行吧，放行吧！他是列宁！"但洛班诺夫严肃地说，"我没有见过列宁。没有通行证，谁也不能进！"

列宁把通行证交给洛班诺夫。洛班诺夫接过来一看，果然是列宁同志，他非常不安，举手行礼并向列宁道歉。列宁握住这位年轻战士的手，高兴地说："你做得很对，小伙子！你对工作很负责任。谢谢！"他又回过头来对旁边那位同志说："你不该责备他。我们就需要这样认真负责的好战士。革命纪律是每个人都应该遵守的，我也不能例外。"

这样的列宁既平易近人，又不搞特殊化，给了基层群众工作的肯定，这是莫大的鼓舞。

十月革命胜利后的一天，列宁到理发馆去理发。当时，屋子里已经来了很多人。列宁一进门，便问谁是最末位的一位，意思是按照先后的次序等候。等着理发的人都认识列宁，知道列宁日夜为国家大事操劳，每一分钟都是极其宝贵的。于是大家急着对他说："谁是末了一位这不要紧，现在空出位置来，请你先理吧。"列宁回答说："谢谢诸位同志们。不过这是要不得的，应该按班次和守秩序。我们自己订的法律，应该在一切琐碎的生活里去遵守它。"列宁一面说着，就一面找个椅子坐下来，并从衣袋里掏出一张报纸看起来。等着理发的人们看到列宁态度很坚决，再没有说什么，都以敬佩的眼光看着自己的革命领袖。

在规定、制度、公约面前，人们是一律平等的。比如理发要按先后次序，这对谁都应该一样——不管是普通群众还是革命领袖。人们所以向列宁投来敬佩的眼光，就在于他以普通顾客的身份出现，并且在人们衷心地要求他可以不讲秩序的时候，他仍然坚持"在一切琐碎的生活里"讲秩序。

列宁不仅平易近人，遵守规章，还是一个

细心，并且善于发现的人，有一次，人民委员会一个工作人员的上衣口袋上掉了一颗纽扣。列宁看到了，没有出声，走了过去。

碰巧第二天列宁又遇见了这位同志。一看，他上衣口袋上还是没有纽扣。到第三天也还是没有。只是到了第四天列宁才看到纽扣缝上了。

那时是国内粮食特别困难的时候，城市和工人区都缺少粮食。农村有粮食，但是农村的有钱人——富农把粮食藏起来了。为了保证城市的粮食供应，往国内各地派出了粮食征集队。那位人民委员会工作人员，就是列宁想说他掉了纽扣的那一位，也被推举担任一个粮食征集队的队长。列宁犹豫不决。人们对列宁说："他是个能干的人。""是个有功之人。""是个勤勉可靠的人。"列宁想要提纽扣的事，但没有出声。那位工作人员带了粮食征集队出发了。过了一段时间，列宁接到报告。报告如此这般地说，那位工作人员不胜任工作，他不能保证弄到粮食。不但如此，富农还把粮食征集队收集的粮食给烧了。"可是这本来是可以避免的，"人们向列宁报告说，"他没有预先提防，漫不经心，没有及时把粮食可靠地保护起来。"也有一些人庇护这个粮食征集队的队长："列宁同志，这是偶然事故。"列宁听着，他自己则在一张纸上画着什么东西。别人颇感兴趣：列宁在那里画什么？往纸上一看，只见纸上画着一颗纽扣。

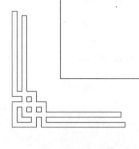

二、俄国国情与列宁主义的诞生

19 世纪末 20 世纪初，世界资本主义和国际共产主义运动的发展出现了许多新特点、新问题。怎样解决资本主义的新变化带来的问题？怎样才能抑制国际共产主义运动内部出现的全面"修正"马克思主义基本原理的反动思潮？无产阶级政党怎样才能领导人民群众实现社会主义革命？怎样才能科学地回答自然科学的新发现对马克思主义哲学的挑战？"第二国际"的领袖们熟记马克思主义的理论观点，却没有能够正确地解决这些问题。曾经是民粹主义信仰者的经历不仅没有成为列宁政治上和思想上的包袱，反倒促成列宁分析俄国的一个独特国情，即俄国是一个农民国家，无产阶级革命如果解决不好农民问题，解决不好工人和农民的联盟问题，那么任何革命者都要变成"孤鸿哀鸣"。农民的感受、农民的呼声成为列宁考虑问题的最关键因素之一。

只有以列宁为代表的俄国共产党人从俄国的实际情况出发，真正科学而全面地解决了这些问题，从而进一步丰富和发展了马克思主义科学理论，形成了列宁主义理论体系。列宁主义是俄国先进知识分子百余年来觉醒、探寻、思考、抗争的结晶，是思辨的马克思主义、发展的马克思主义、实践的马克思主义。它产生于俄国现代化陷入历史性困境的 20 世纪初，为俄国现代化指出了一条全新的道路。

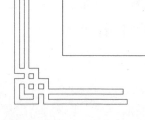

（一）列宁主义诞生的时代背景

在 19 世纪中期资本主义上升时期，资产阶级为谋求剩余价值的最大化，对无产阶级进行残酷的剥削，没有任何福利。此时资产阶级和无产阶级尖锐对立，阶级对抗尖锐。欧洲此时爆发的三大工人运动正体现了这一时代的特色。马克思主义理论则产生于西欧工人运动高涨时期。

列宁主义诞生于 19 世纪末至 20 世纪初期，是对马克思主义的继承发展，被称为"帝国主义时代的马克思主义"。19 世纪后期，资产阶级国家实行社会改革，1871～1899 年资本主义世界经历了近 30 年的稳定时期。国际工人运动向各大洲横向发展，但是随着垄断资本主义的产生和发展，帝国主义逐步走向反动。一方面，德国和一些西欧国家的共产主义运动出现修正和改良主义，背离了马克思主义。工人领袖的上层分子谋求与统治阶级合作，这就损害了中下层工人的利益，社会主义运动出现倒退。另一方面，俄国这样落后的帝国主义国家，工人阶级和奴隶阶级差不多，无产阶级运动就是谋求包括工人阶级在内的劳动人民的解放，而解放需要一个斗争坚决、富于组织力战斗力、纲领明确、旗帜鲜明的无产阶级政党，列宁主义就是在此背景下出现的。

列宁在中学读书时就开始学习俄国革命民主主义者的著作。他 1887 年进入喀山大学学习，曾因参加革命活动被捕。1889 年，列宁来到俄国工人运动的中心彼得堡，深入工人群众，宣传马克思主义。1895 年，他把彼得堡二十多个马克思主义小组联合起来，成立了"工人阶级解放斗争协会"。协会开始把马克思主义同工人运动结合起来。莫斯科、基辅等地也建立了类似的组织。这年 12 月，列宁被沙皇政府逮捕，后来被流放到西伯利亚。1900 年，列宁流放期满后，同普列汉诺夫等人创办了

《火星报》。他在这份报纸上发表了一系列文章，宣传马克思主义，批判修正主义，科学地阐明革命理论对工人运动和党的建设的重大指导意义。俄国的先进工人和社会民主党人都团结在《火星报》的周围。在《火星报》进行大量工作的基础上，1903 年召开了俄国社会民主工党第二次代表大会。

（二）列宁主义诞生的环境

帝国主义使资本主义的矛盾达到顶点，不断的革命接踵而至，正是这些矛盾，也为无产阶级革命的发展奠定了基础。

第一个矛盾是资本—帝国主义和工人阶级之间的矛盾。帝国主义在工业国里通常用一些残酷的手段压榨劳动者，在此过程中劳动者曾经的一些反抗手段已经完全不够用了，在与拥有极大的势力和垄断性的资本主义斗争的过程中，工人们不得不拿起新武器，这样才不至于过着每况日下的生活，哪里有压迫哪里就有反抗，所以是帝国主义的横行霸道，引起了一场又一场的工人革命。

第二个矛盾是为争夺原材料而引起的矛盾。帝国主义列强和各金融集团之间，为了各自的利益而疯狂地抢夺原材料产地，向外输出资本，他们都有着一个瓜分世界的梦想，为夺取对方的领土和资源发动战争，正是他们这种带有帝国主义色彩的抢夺使他们自相残杀，互相削弱，从而减小了帝国主义的势力，为无产阶级革命的出现提供时机，为无产阶级的发展铺开道路。

第三个矛盾是占领军和殖民地人民之间的矛盾。帝国主义将通过战争抢夺来的殖民地人民变为农奴，强力的榨取和无休止的压迫使这些殖民地的人民痛不欲生。无产主义者的出现，唤醒了知识分子的民族意识，通过宣讲和倡导，他们发动更加强烈的解放运动，从根本上破坏了资本主义的阵地。就这样，无产阶级的队伍持续强大了起来，无数饱受压迫的工人为了自己民族的生死存亡，不惜抛头颅洒热血，这就奠定了无产阶级的群众基础。

虽然是帝国主义使资本主义的矛盾达到顶点，但作为并不是帝国主义国家的俄国成为了无产阶级革命的诞生地，这一现象也是有迹可循的。

当时的俄国集合着所有帝国主义的矛盾。首先俄国的沙皇制度把各种帝国主义的恶劣行为综合到了一起。俄国的沙皇制度创立于 16 世纪是由封建农奴制转变为带有很多封建残留的资本主义制度。由于沙皇制度的暴虐，资本的恶势力，以及俄国对土耳其、波斯等国家的侵略扩张等多种强势的手段结合在一起，无产阶级由于不堪忍受封建地主与资产阶级工厂主的双重压迫，开始走上政治舞台。

其次，沙皇俄国是西方帝国主义的忠实同盟，在多次侵略和瓜分中扮演着重要的角色。沙皇俄国贡献自己的力量保护着西方帝国主义，沙皇俄国不仅让西方资本掌管着本国的燃料、冶金业等重要部门，掌握着沙皇俄国的命脉，而且沙皇俄国很多士兵供西方帝国主义者派遣，有很多士兵为保证西方资本家的利益而战死。并且沙皇俄国听从西方帝国主义的命令，从巴黎、伦敦等地方得到贷款，从人民身上压榨利息。

所以说，沙皇俄国是一个形似于帝国主义的国家，他的利益和西方资本主义国家的利益交织在一起。但凡有人想触碰沙皇制度，也就是打击帝国主义。这样就和无产阶级革命接近起来。沙皇俄国聚集着帝国主义的大部分矛盾，而且，当时在俄国又掀起了最伟大的人民革命，这场革命是由伟大的无产阶级带领的，并且有最坚定最稳固的群众基础，所以这样的革命一炮打响，不断前进。

（三）列宁主义诞生的历史条件

19 世纪 70 年代俄国无产阶级成为独立的政治力量登上历史舞台，为党的成立奠定了阶级基础。1870年5月，彼得堡涅瓦纱厂工人罢工，这是俄国工人第一次较大规模的罢工。19世纪80年代，普列汉诺夫开始在俄国传播马克思主义，为党的成立奠定了思想基础。1883年普列汉诺夫成立了俄国第一个马克思主义组织"劳动解放社"，该组织将《共产党宣言》、《社会主义从空想到科学》等著作翻译成俄文，普列汉诺夫本人还写了《社会主义和政治斗争》、《论一元论历史观》等宣传马克思主义的著作。20世纪初列宁完成了无产阶级政党的准备工作。1900年列宁流放期满后创办了《火星报》，通过该报一方面宣传建党的基本思想，一方面把各地的组织联系起来，为在俄国建立新型无产阶级政党做了思想上和组织上的必要准备。这些成为了俄国社会民主工党成立的历史条件。

1898年3月1日至3日，俄国社会民主工党召开第一次代表大会。来自彼得堡、莫斯科、基辅等地的"斗争协会"和俄国西部地区工人组织的九名代表，在明斯克秘密举行了这次大会。大会宣告党的成立并发表了《俄国社会民主工党宣言》，宣言指出，俄国无产阶级将摆脱专制制度的桎梏，用更大的毅力继续同资本主义和资产阶级作斗争，直到社会主义胜利为止。大会选出了中央委员会，批准《工人报》为党的机关报。大会以后，中央委员会虽遭沙皇警察破获，《工人报》被迫停刊，但各地党组织仍在秘密活动。列宁指出："1898年春党的成立，是这一时期社会民主党人所做的最突出的、同时也是最后的一件事情。"

1903年7月30日至8月23日，俄国社会民主工党召开第二次代表大会，先在布鲁塞尔、后在伦敦，秘密召开了这次代表大会。大会由普列汉诺夫主持，主要议程是制定党纲、党章和选举中央委员会。大会讨论的党纲草案，是由《火星报》编辑部提出来的。它把争取无产阶级专政的斗争作为党的主要任务提出来。经过激烈争论，大会通过了纲领草案。这是马克思、恩格斯逝世以后在国际工人运动中第一个写入无产阶级专政的党纲。大会在讨论党章时，发生了更激烈的争论。争论的焦点是党章的第一条中关于党员条件的问题。列宁认为，凡是承认党纲，在物质上帮助党并且参加党的一个组织的，都可以成为党员。而马尔托夫（真名：尤·奥·策杰尔鲍姆，1873～1923）认为党员不一定要参加党的一个组织，他甚至主张不管什么人，只要表示承认党纲，就可以自行宣布入党，党员可以不服从党的纪律，不受组织的制约。普列汉诺夫支持列宁的条文。但最后大会在表决时，以多数票通过了马尔托夫的条文。大会在选举中央领导机构时，由于几名机会主义分子的退出，力量对比发生了变化。大会选举普列汉诺夫、列宁、马尔托夫组成中央机关报《火星报》编辑部，拥护列宁的三名代表组成了中央委员会。从这时起，拥护列宁的人，因在选举中获得多数票，故被称为布尔什维克（俄文译音，意指多数派）；获得少数票的，被称为孟什维克（俄文译音，意指少数派）。布尔什维克的观点体系，被称为布尔什维主义；孟什维克的观点体系，被称为孟什维克主义。从此，在俄国社会民主工党内出现了两个政治观点对立的派别。布尔什维主义的出现，标志着新型无产阶级政党在俄国的建立，标志着列宁主义的诞生。列宁后来指出："布尔什维主义作为一种政治思潮，作为一个政党而存在，是从 1903 年开始的。"

（四）列宁主义诞生历程

从当时的思想实际出发，为了科学地分析自然科学的新发现，列宁集中研究了认识论的许多重大问题，但又不是脱离实践来研究的。

首先，列宁坚持了基于实践的坚实基础的辩证唯物主义认识论的理论前提——世界是由不依赖于意识物质构成的。他明确指出："对象、物、物体是在我们之外、不依赖于我们而存在着的，我们的感觉是外部世界的映象。这个结论是由一切人在生动的人类实践中得来的，唯物主义自觉地把这个结论作为自己认识论的基础。""被反映者不依赖于反映者而存在（外部世界不依赖于意识而存在）是唯物主义的基本前提。"因此，作为一般唯物主义的继承和发展的辩证唯物主义必然承认世界上存在客观真理，认为只有承认了客观真理的认识论才是真正唯物主义的认识论。"……认为我们的感觉是外部世界的映象；承认客观真理；坚持唯物主义认识论的观点——这都是一回事。"

其次，列宁捍卫了实践是检验真理的唯一标准的马克思主义的基本原则，同时又对实践标准本身进行了科学的分析。唯物主义客观地理解实践，把实践看作检验认识是否同客观对象相符合的客观标准。坚持实践第一的观点就必然会坚持唯物主义的哲学路线，彻底驳倒唯心主义和不可知论的种种谬论。但是，列宁同时又把辩证法贯彻到实践观中去，提出了实践标准的确定性和不确定性即著名的实践标准二重性的原理。正是从实践标准的这种"不确定性"和"确定性"的二重性出发，列宁才正确地阐述了真理的二重性，即真理的相对性和绝对性，或相对真理和绝对真理的观点。任何科学定律、科学思想体系（即人们所获得的真理）都是相对真理，因为任何思想体系都是受历史条件制约的；可是它在一定范围内和客观对象相符合，又是绝对真理的一部分。一方面，绝对真理和相对真理的区分是不确定的，因为随着科学的发展，真理的界限时而扩张时而缩小，作为真理的绝对性和相对性的界限不是一成不变的；另一方面，这种区分又是确定的，因为在它所适用的界限内，它是绝对的。

列宁深刻考察和敏锐领悟到了时代的重大变革及其崭新而迫切的需要，及时地将马克思主义哲学的中心问题从唯物史观转向了辩证法—认识论，或者准确地说转向了辩证唯物主义认识论。这是列宁自觉体现"贴近时代、贴近生活、贴近群众"的马克思主义哲学研究的根本方法。列宁紧紧抓住马克思主义"与时俱进"、"推陈出新"的理论品质，自觉适应时代要求把社会主义进一步从科学理论变为广大人民群众掌握的马克思主义理论武器，进而转变为推翻资本主义、实现社会主义的实践。在实践中检验、认识和发展马克思主义的伟大实践活动这一历史性的首要课题，是列宁全面反映马克思主义发展过程中体现出来的新时代的重要特点和基本规律。

具体来看，正是牢牢扎根于科学的实践观基础上的、既唯物又辩证的科学的认识论这一崭新的科学而坚实的哲学基础——马克思主义认识论，正是唯物辩证法及列宁对它的新贡献，为列宁研究和解决资本主义出现的新问题提供了方法论武器。

列宁发现了资本主义已经从经济上的自由竞争走向全面垄断，从政治上的虚伪的"民主自由"走向全面反动的帝国主义阶段，无产阶级的革命斗争已经实现了从积蓄力量转向直接夺取政权、革命浪潮空前高涨的帝国主义和无产阶级革命的阶段以及帝国主义存在着经济、政治发展不平衡的规律。于是，列宁从以研究资本主义发展的一般规律为主转向以研究资本主义发展的特殊规律特别是以研究俄国资本主义发展的特殊规律为主，全面、深入和坚持不懈地分析、解剖和掌握 20 世纪初期资本主义世界的各种矛盾及其特点、类型和发展趋势，从而突破了马克思恩格斯关于社会主义革命不能在一国首先取得胜利的旧结论。

列宁深刻地揭示了社会主义革命可以依靠无产阶级政党的坚强领导，通过深入而全面地启发无产阶级和广大人民群众的思想觉悟，充分发挥无产阶级和广大人民群众创造历史的主动性、开拓性和强大力量，在一国或数国内首先取得胜利。列宁的这一全面的真理性结论，捍卫和发展了马克思主义关于国家与革命的学说，特别是丰富和发展了马克思主义关于无产阶级社会主义革命的理论，把马克思主义推进到了列宁主义阶段。正是基于这一点，十月社会主义革命才取得了伟大胜利，从而迎来了人类社会历史的新纪元。

首先，十月革命胜利以后，在繁忙的国务活动的同时，列宁将自己的理论活动牢牢扎根在如何在落后国家进行社会主义革命和建设的伟大实践之中，继续坚持《唯物主义和经验批判主义》所开辟的正确道路和前进方向；始终坚持理论联系实际的科学态度，坚决反对那种一切根据书本办事、不能超过书本的错误观点；深入研究本国的特殊国情，全面分析和把握苏维埃联邦的各种复杂矛盾，积极探索如何实现社会主义制度从根本上取代资本主义制度的一般规律和具体形式。他认为，马克思主义的理论，可以而且应当在实践中加以完善和发展。因此，他紧紧抓住劳动生产率这一对于社会主义社会具有决定性意义的关键性因素和根本条件，多次强调要把发展生产力作为无产阶级政权的首要任务。其次，列宁继续运用在《哲学笔记》中锤炼出来的科学方法论，在文化问题上始终坚持唯物辩证法的科学态度和基本观点，在社会主义建设中特别重视对资产阶级文化及其他剥削阶级文化的批判继承，他认为文化的发展是社会主义建设的重要内容之一。再次，与十月革命前一样，列宁始终坚信，具体情况具体对待，具体问题具体分析是辩证法最根本的要求，是"马克思主义的精髓，马克思主义的活的灵魂"。作为辩证法的大师，他反对一切教条主义。他坚持原则，但一切从实际出发，从不拒绝在必要的情况下的让步与妥协，在革命实践中保持了极大的灵活性。最后，为了积极从事并赢得对资产阶级的斗争，他认为，"社会主义革命胜利的主要条件之一，就是工人阶级要懂得必须实行本阶级的统治并在从资本主义到社会主义的过渡时期实行这种统治"，也就是必须坚持无产阶级专政。总之，列宁在十月革命后，依然始终坚持马克思主义的实践观即科学的实践观，始终注重倾听实践的呼声，在实践的基础上既坚持马克思主义的基本原理，又将马克思主义的科学理论和对马克思主义的认识不断推向前进。同时，又辩证地看待和解决社会主义革命与建设中所遇到的一切重大问题和困难，从而极大地发展了列宁主义。

三、列宁关于帝国主义时代
无产阶级革命的理论

（一）帝国主义的定义和经济特征

1. 帝国主义的定义

帝国主义即垄断资本主义，是资本主义生产方式基本矛盾发展到一定阶段的必然产物，是资本主义生产关系在资本主义范围内的阶段性质变，是资本主义发展的特殊阶段。19 世纪末 20 世纪初，资本主义从自由竞争阶段转变为垄断阶段。发生在这一时间的重大变化不但激化了原有的矛盾，同时又产生了一系列新的矛盾，这些尖锐的矛盾导致人类走进以战争和革命为主的新的历史时期。

这前所未有的新时期给无产阶级带来了新的考验。面对帝国主义，列宁指出："必须给帝国主义下一个尽量确切和完备的定义。帝国主义是资本主义的特殊历史阶段，这个特点分三个方面：（1）帝国主义是垄断的资本主义；（2）帝国主义是寄生或腐朽的资本主义；（3）帝国主义是垂死的资本主义。"①

资本主义生产方式建立以后的很长一段时间内，经济运行的主要方式是自由竞争。自由竞争促进了生产的发展，生产结构的变化和科学技术的进步。而且自由经济加大了各企业之

---

① 《列宁选集》第 3 版第 2 卷，人民出版社 1995 年版，第 704 页。

间优胜劣汰的程度，推动了资本的积累，这样的方式必然引起生产和资本的集中，为垄断资本主义的形成打下了基础。当生产达到高度集中时，少数集中了巨额资本的大型企业之间的竞争很容易造成两败俱伤，为了守护各自的利益，各大经济巨头形成垄断组织，从而扩大生产规模，获得更高的利润。

垄断资本主义的形成，归根结底是因为生产的社会化与生产资料的资本主义私有制之间的矛盾发展到一定阶段的必然要求。19 世纪60 年代和 70 年代，自由竞争发展到顶点，此时的垄断组织还处于萌芽状态。1873 年经过经济危机的打击，垄断组织有了广泛的发展。直到 19 世纪末的经济高涨阶段，推动了垄断资本主义的普遍发展。这个阶段垄断组织成了经济生活的主要方式，资本主义发展成帝国主义。

2. 帝国主义经济特征

对于帝国主义的基本经济特征，列宁指出："应当给帝国主义下这样一个定义，其中要包括帝国主义的如下五个基本特征：（1）生产和资本的集中发展到这样的高度，以致造成了在经济生活中起决定作用的垄断组织；（2）银行资本和工业资本已经融合起来，这个'金融资本的'基础上形成了金融寡头；（3）和商品输出不同的资本输出具有特别重要的意义；（4）瓜分世界的资本家国际垄断同盟已经形成；（5）最大资本主义大国已把世界上的领土瓜分完毕。"①

（1）生产和资本的集中发展造成了在经济生活中起决定作用的垄断组织

当生产和资本高度集中在几个资本主义大企业中，他们为了获取高额垄断利润，在生产和资本高度集中的基础上，形成资本主义垄断组织。所谓垄断利润，就是资本家通过垄断手段，获取大大超过平均利润的高额利润。其垄断形式包括技术垄断、生产原料的垄断、劳动

---

① 《列宁选集》第 3 版第 2 卷，人民出版社 1995 年版，第 651 页。

力垄断、运输垄断和价格垄断等。这样的组织一旦形成，就掌控着整个国家的经济命脉，控制着国家的经济走向。

（2）金融资本和金融寡头

在自由竞争阶段，银行与企业之间一般存在着信贷关系，这种关系是不固定的，时间不长的，不能稳固的关系。但随着工业资本的集中，银行充当货币资本中间人的角色也有了变化。银行与企业之间的关系日益密切，不但为企业长期提供巨额贷款，形成了牢固的关系，而且还借助一些金融业务充分了解企业的经营活动，这样就为监督和管理企业提供了一个平台。在这个平台上通过金融手段控制企业的经营，把握着企业生死存亡的命运。

银行作用的这种巨大变化，使银行的垄断资本与工业的垄断资本联系日益紧密起来。银行垄断组织通过购买股票、债券和创办企业等控制工业和商业；工业垄断组织也通过购买银行股票、债券和创办金融机构参与到银行业，于是银行垄断组织和工业垄断组织相互结合起来，形成了一种新型的资本叫作金融资本，新型的资本家叫作金融寡头。金融寡头成为社会经济的统治者，通过掌控股权的方式层层递进似的统治着各类经济形势。金融寡头是站在金字塔尖上的一小撮垄断资本家，在金融方面、地产方面、部分生产方面控制着整个工业部门。

（3）和商品输出不同的资本输出具有特别重要的意义

商品输出主要存在于第一次工业革命到第二次工业革命之间，是指自由资本主义国家所加工生产出来的商品去殖民地国家的市场上进行销售，获取高额利润，发生在自由竞争占完全统治地位的旧资本主义。

到了第二次工业革命后资本主义发展到垄断阶段，资本主义国家向殖民地国家的输出不仅仅局限于商品输出，这时变为资本输出为主、商品输出为辅的形式。对垄断占统治地位的最新资本主义来说，典型的是资本输出。

一些富有的帝国主义国家垄断市场，获得了极高的垄断利润，积累了大量资本，可是垄断资本的统治加大了资本的竞争，国内的投资有所限制。所以，为获得高额利润，垄断资本主义帝国用过剩资本向其他国家投资或贷款。这些帝国主义国家瞄准了一些落后的国家进行资本输出，因为这些落后的国家资本少，土地价格低，原料便宜，而且还有廉价的劳动力。他们不仅向其他国家输出生产资本，即在国外直接投资，或参与经营当地企业，利用廉价的原料和劳动力获取高额利润，他们还向其他国家输出借贷资本，以银行或者政府的名义向落后国家的银行、企业或政府进行高利贷款，从而榨取利润。

资本输出成为帝国主义的重要经济特征。资本输出并没有减少商品输出总量，反而拓宽了商品输出的销路。帝国主义国家在资本输出时往往附加上一些不平等的条件，迫使其他国家购买他们的商品。资本输出加剧了帝国主义对落后国家的侵略和压榨，造成了资本输入国经济的畸形、缓慢发展也让帝国主义对其他国家的依赖性日益加深。但是资本输出也在一定程度上促进了落后国家乃至全世界资本主义的发展。

（4）瓜分世界的资本家国际垄断同盟已经形成

1902年，德国的电气总公司和美国的通用电气公司，经过长期的比拼和斗争，最终形成了国际电气垄断同盟。这样的联盟会产生"超级垄断"的效果。之所以会有这样的联盟出现，是因为金融资本的扩张，商品输出和资本输出量迅速增长，这样的状况引起了各帝国主义国家之间的斗争，一方面既要防止别国资本和商品的输入，另一方面又要极力争夺资本和商品输出国家，抢占市场，维持垄断地位。由于竞争双方资历雄厚，实力不相上下，所以斗争的结果必定会是两败俱伤。在这样的情况下他们选择结成联盟，一同瓜分世界市场。

国际垄断同盟是在国内垄断的基础上形成的，也是垄断统治发展的必然产物，它的形成是暂时的、不稳固的，并不能解决列强之间的根本矛盾。垄断组织瓜分世界，只能"按资本"、"按实力"来瓜分，不可能有其他的办法。由于资本主义经济政治发展不平衡规律的作用，资本的实力是经常变化的。当各国垄断组织的实力对比发生了变化，原来协议的比例就不能满足要求，需要按照变化了的力量对比重新分割世界市场，于是就会破坏原有的协议，引起更尖锐的矛盾和斗争。

（5）最大资本主义大国已把世界上的领土瓜分完毕

最大的帝国主义大国，已经不满足于瓜分土地了，而是通过资本来瓜分世界市场。过去主要是通过战争来瓜分土地从而占领市场，现在省事多了，通过资本或者垄断联盟来直接瓜分国际市场，以实现资本的目的。也就是说，过去的"瓜分土地"已经演变成现在的"经济殖民地"了。帝国主义瓜分世界，占领殖民地作为原料产地。垄断资本生产规模越大，所需要的原料越多。所以占领越多的原料产地，垄断资本的霸权主义地位也就越牢固。垄断资本主义的发展为了站稳市场，必须不断地向其他国家输出过剩的资本和过剩的商品。除了赚取大额利润，垄断资本主义占领殖民地还带有政治意义，如建立军事基地、增大殖民地国家人民内部矛盾等。

面对帝国主义对世界的瓜分，列宁指出："金融资本和同它相适应的国际政策，即归根到底是大国为了在经济上和政治上瓜分世界而斗争的国际政策，造成了许多过渡的国家依附形式。这个时代的典型的国家形式不仅有两大类国家，即殖民地占有国和殖民地，而且有各种形式的附属国，它们在政治上、形式上是独立的，实际上却被金融和外交方面的依附关系的罗网缠绕着。"① 从此，整个世界分为两极，一极是少数帝国主义宗主国，另一极是饱受剥削和压迫的殖民地国家。

---

① 《列宁选集》第 3 版第 2 卷，人民出版社 1995 年版，第 647 页。

（二）帝国主义的本质和历史地位

1. 帝国主义的本质

帝国主义的经济实质是垄断。垄断资本主义的经济基础和实质决定了其掠夺侵略和争夺世界霸权的本性。

关于帝国主义的经济实质，列宁曾这样说："垄断代替自由竞争，是帝国主义的根本经济特征，是帝国主义的实质。"[①] "从经济上来看，帝国主义是资本主义发展的最高阶段，即这样一个阶段，此时生产已达到巨大的和极为巨大的规模，以致垄断代替了自由竞争，帝国主义的经济本质就在于此。垄断即表现为托

---

① 《列宁选集》第 3 版第 2 卷，人民出版社 1995 年版，第 704 页。

拉斯，辛迪加等等，也变现为大银行的莫大势力、原料产地的收买和银行资本的集中等等，一切都归结于经济垄断。"①

一般资本主义发展到帝国主义阶段，是因为自由竞争引起的生产集中，从而导致垄断组织的形成，因此这就注定了帝国主义全部基本特征——都是由垄断这一经济形式形成和发展起来的。比如从生产垄断发展到银行垄断，从国内垄断通过资本输出和商品输出发展到国际垄断，从对经济的垄断发展到瓜分世界，垄断世界领土，帝国主义作为垄断资本主义，其经济运行的根本目的和实质是获取高额的垄断利润。

但是，列宁指出："从自由竞争中生长起来的垄断并不能消除自由竞争，而是凌驾于这种竞争之上，并与之并存，因而产生许多特别尖锐特别剧烈的矛盾、摩擦和冲突。"② "正是

① 《列宁选集》第 2 版第 28 卷，第 133 页。
② 《列宁选集》第 3 版第 2 卷，人民出版社 1995 年版，第 650 页。

竞争和垄断这两个相互矛盾的'原则'的结合才是帝国主义的本质。"①

列宁之所以这样说，是因为帝国主义是资本主义的继续和发展，它不但不能彻底地改造资本主义，还使资本主义的矛盾更尖锐、更复杂。而且，垄断资本主义并不是全盘的垄断，还是有很多没有被垄断的企业存在，所以，垄断组织和未被垄断的企业之间、各个垄断组织之间以及垄断组织内部都存在着一定的竞争和矛盾。

垄断资本主义的经济基础和实质，决定了其掠夺侵略和争夺世界霸权的本性。帝国主义在世界范围内，通过资本输出和商品输出进行压迫和剥削，特别是对殖民地国家土地的侵占和瓜分更突出了帝国主义国家掠夺侵略的本性。

帝国主义的侵略有着无限的野心，帝国主义国家之间为了维护自己的地位，取得世界霸权，不惜代价争斗，甚至发动侵略战争。帝国

① 《列宁选集》第 2 版第 29 卷，第 480 页。

主义对其他国家的侵略和帝国主义国家之间为争夺霸权引发的斗争，必然会引发帝国主义国家内部矛盾和外部矛盾的激化。一边为了镇压国内外人民的反抗，一边有持续增强争夺霸权的实力，垄断资产阶级必定会走上军国主义的道路。

列宁说："帝国主义就其经济实质来说，是垄断资本主义。这就决定了帝国主义的历史地位，因为在自由竞争的基础上、而且正是从自由竞争中生长起来的垄断，是从资本主义社会经济结构向更高级的结构的过渡。"① 帝国主义的历史地位概括地表现为：帝国主义是寄生的或腐朽的资本主义；帝国主义是垂死的资本主义。

2. 帝国主义的历史地位

帝国主义寄生性和腐朽性使生产和技术的

---

① 《列宁选集》第 3 版第 2 卷，人民出版社 1995 年版，第 683 页。

发展走向停滞。列宁指出："在规定了（即使是暂时的）垄断价格的范围内，技术进步因而也是其他一切进步的动因，前进的动因，也就是在一定程度上消失了；其次在经济上也就有可能人为地阻碍技术进步。例如美国有个姓欧文斯的发明了一种能引起制瓶业革命的制瓶机。德国制瓶工厂主的卡特尔收买了欧文斯的发明专利，可是却把这个发明束之高阁，阻碍它的应用。"① 由于垄断组织和未被垄断的企业之间、各个垄断组织之间以及垄断组织内部都存在着一定的竞争，所以垄断对生产和技术的发展不能达到绝对的控制，但确实是大大降低了生产技术在生产当中的应用。

帝国主义寄生性和腐朽性使政治趋于反动。"帝国主义在政治上的特点，是由金融寡头的压迫和自由竞争的消除引起的全面的反动

---

① 《列宁选集》第 3 版第 2 卷，人民出版社 1995 年版，第 660 页。

和民族压迫的加强。"① 一方面，金融寡头在国内进行剥削和压迫，导致了阶级矛盾的尖锐化，为了打压反抗的工人，垄断资产阶级必然要建立起庞大的队伍和机构。另一方面，垄断资产阶级争夺世界霸权，豪横地瓜分其他国家的领土和资源，打压殖民地国家的反抗斗争，扼杀新生的社会主义国家，成为帝国主义时代战争的发动者，使政治趋于反动。

帝国主义寄生性和腐朽性还表现在工人运动中。帝国主义国家获取巨额利润，它们拿出钱来收买工人领袖和工人贵族，滋长机会主义思想。列宁说："这个资产阶级化了的工人阶层，即'工人贵族'阶层，这个按生活方式、工资数额和整个世界观来说已经完全小市民化了的工人阶层，是第二国际的主要支柱（不是军事支柱）。因为这是资产阶级在工人运动中的真正代理人，是资本家阶级的工人帮办……

---

① 《列宁选集》第 3 版第 2 卷，人民出版社 1995 年版，第 671 页。

是改良主义和沙文主义的真正传播者。"①

列宁在提出帝国主义寄生性和腐朽性的同时，又提出垄断统治不排除资本主义的迅速发展。这是辩证唯物主义的观点，是符合客观实际的。垄断资本主义的统治尽管阻碍了生产和技术的发展，但生产力是最活跃的因素，它的发展是绝对的，随着人们各种需求的不断增长，特别是由于资本主义生产建立在机器工业和社会化大生产的基础上，生产和技术的发展速度比任何一个时期都要快得多。帝国主义虽然是由资本主义发展而来，但它不可能彻底改造资本主义。垄断资本主义确实存在，但是还有大量没有被垄断的企业。垄断组织和非垄断企业之间的竞争，各垄断组织之间的竞争和垄断组织内部的竞争都存在着。既然有竞争存在，就一定会有优胜劣汰，这样的规律必定会促进推动资本主义经济的发展。垄断资本的形

---

① 《列宁选集》第 3 版第 2 卷，人民出版社 1995 年版，第 581 页。

成和发展，一方面造成了生产有停滞的趋势，但是这也意味着生产和资本社会化的大发展。垄断组织因为集中着大规模的生产资料，雇佣着大量的劳动力，具有了解世界市场、洞悉经济趋势走向的能力，这些都是垄断资本的优势。但是，垄断资本所具有的积极作用并不能消除它的寄生性和腐朽性，帝国主义间的各种矛盾也不会因此消除。这两种影响不能彼此消除，更是相互作用的。只要垄断资本主义的经济基础不变，资本主义经济的发展或迅速发展，最终只会加剧各方面发展的不平衡和矛盾，从而推动它向新的社会生产方式过渡。

3. 帝国主义是垂死的资本主义

帝国主义是垂死的资本主义。这一论断的基本含义有两个：一是帝国主义是资本主义向社会主义过渡的开始。资本主义世界体系经过革命，开始一部分一部分地变为社会主义。列宁指出："帝国主义就其经济实质来说，是垄断资本主义。这就决定了帝国主义的历史地位，因为在自由竞争的基础上，而且正是从自由竞争中生长起来的垄断，是从资本主义社会经济结构向更高级的结构的过渡。"① 二是帝国主义是一种垂死状态的资本主义。列宁指出："不难理解为什么帝国主义是垂死的资本主义，向社会主义过渡的资本主义，因为从资本主义中成长起来的垄断已经是资本主义的垂死状态，是向社会主义过渡的开始。"②

列宁所说的帝国主义是垂死的资本主义，就是指处于垂死姿态的资本主义，是资本主义社会向社会主义社会过渡所经历的一种垂死的状态。

这一论断是列宁根据当时的历史条件得出的：

一是资本主义矛盾尖锐化导致经济危机和帝国主义战争。自由竞争的资本主义转变为垄

---

① 《列宁选集》第 3 版第 2 卷，人民出版社 1995 年版，第 683 页。
② 《列宁选集》第 3 版第 2 卷，人民出版社 1995 年版，第 706 页。

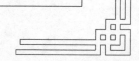

断资本主义，使资本主义的各种矛盾达到了尖锐的程度。所以就出现了 1900 年的经济危机和 1914 年的第一次世界大战，这就为无产阶级革命提供了现实的条件。

二是帝国主义经济政治发展不平衡，使社会主义有可能在一个或数个国家内首先获胜。帝国主义使资本主义经济政治不平衡进一步加剧，这就使社会主义革命有可能在少数甚至单独一个资本主义国家获得胜利。"革命的胜利到国际社会主义革命的胜利，期间不可能有什么界限，其他各国的革命是必然要爆发的。"①而一旦社会主义革命取得胜利，就会加快资本主义制度灭亡的速度。

三是帝国主义对广大殖民地半殖民地国家的掠夺和压迫越来越残酷。在帝国主义时代，殖民地和半殖民地国家进行民族战争是不可避免的，"在未来的世界革命的决战中，占世界人口的大多数原先是为争取民族解放的运动，

---

① 《列宁选集》第 2 版第 34 卷，第 463 页。

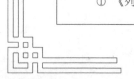

必将反对资本主义和帝国主义，它所起的革命作用也许比我们所预期的要大得多。"①

列宁关于帝国主义过渡性、垂死性的论述，是马克思、恩格斯的资本主义生产方式本身范围内资本关系社会化理论的继承和发展。在垄断资本主义条件下，资本关系社会化的发展事实上意味着：（1）因为存在着资本主义私有制的界限，这种社会化的发展，在国家垄断资本主义条件下就将被推到顶点，从而要发生变革；（2）既然是在资本主义范围内，剩余价值规律就将要发生作用，使社会化的利益为少数的垄断资本家所独占；（3）在社会化推动下发展起来的生产力和社会性管理机构，客观上就是为新制度准备了完备的物质条件。正是在这个意义上，国家垄断资本主义被看作是"社会主义的人口"。当然，这只是表示社会主义制度代替资本主义制度已具备了客观基础。当代资本主义新变化并没有改变马克思、恩格斯

① 《列宁选集》第2版第42卷，第41页。

所揭示的人类社会发展的总趋势，没有改变社会主义必然代替资本主义的历史规律。

（三）社会主义可能在一国或数国首先胜利的理论

马克思、恩格斯认为，从资本主义的发展状况出发，19 世纪时，社会主义革命在西欧北美的几个主要资本主义发达国家同时出现并同时取得胜利，但是列宁却从资本主义政治经济发展不平衡的状况出发，提出社会主义可能在一国或者数国首先取得胜利。列宁不拘泥于马克思主义的说法却忠实于马克思主义精神，他是创造性的马克思主义者。正是"社会主义可能在一国或数国首先胜利的理论"成为了列宁主义的重要标志，领导着俄国的无产阶级和劳动人民取得十月革命的伟大胜利。

帝国主义经济政治发展的不平衡性，是

"一国胜利论"的客观依据。列宁认为，经济政治发展不平衡是资本主义的绝对规律。所谓不平衡，是指各个企业、各个托拉斯、各个工业部门、各个国家的发展是不平衡的，由于技术的巨大进步，这种不平衡规律不是通过渐进形式而是通过跃进形式实现的。例如，在垄断资本主义时期，本应花费 100 年才能被超越的英国，德国用了 20 年就将其超越；而美国用了更短的时间超越其他强国。这种实力的变化导致各帝国主义国家之间竞争激烈，在它们斗争之时并无暇顾及无产阶级，所以这就为无产阶级革命的胜利提供了可能。由此，使社会主义革命有可能在这些国家首先胜利。

社会主义革命将在帝国主义链条最薄弱的地方首先开始。所谓帝国主义链条最薄弱的地方不一定是统治阶级和统治力量较强的发达国家，也不会是连大工业和现代无产阶级都没有的非常落后的国家，而往往是有一定的大工业和无产阶级，但是存在尖锐的矛盾，而且经济文化比较落后的国家。列宁认为，构成帝国主义体系的薄弱环节至少要具备如下条件：一是一定的大工业和现代无产阶级；二是统治阶级的基础和力量比较薄弱；三是无产阶级和劳动群众具有高度的革命热忱，不想照旧生活下去；四是有一个政治上成熟的马克思主义政党的领导与指导。当时俄国就是帝国主义体系的薄弱环节，俄国废除农奴制度后，资产阶级急剧发展，存在着无产阶级同资产阶级的矛盾、俄国人民同沙皇制度的矛盾、俄国各民族之间的矛盾等。在列宁"一国胜利论"的指导下，俄国在布尔什维克党的领导下，取得了1917年十月社会主义革命的胜利，对世界无产阶级革命和民族解放运动产生了深远影响，开辟了无产阶级革命的新时代。

列宁关于社会主义革命可能在一国或数国首先胜利的理论，是对马克思主义社会主义革命学说的新发展。这个理论不但为俄国的十月革命奠定了理论基础，还极大地鼓舞了世界无产阶级和劳动人民对本国统治阶级的进攻精神，为他们夺取革命胜利提供理论指导，指明道路。

（四）民族殖民地问题的理论

　　帝国主义时代民族问题扩大为民族殖民地问题。在帝国主义时代，被压迫民族解放问题，已经不再是某一国家或地区的问题，而是世界性的问题。这一时代的重要特点是全世界的殖民地领土被瓜分完毕，所有殖民地国家的人民都饱受压迫和掠夺，世界各民族被划分成"压迫民族"与"被压迫民族"两部分。

　　19 世纪 40 年代，马克思和恩格斯强调无产阶级革命对民族解放运动起促进和推动作用。《共产党宣言》中指出，人对人的剥削一消灭，民族对民族的剥削就是随之消灭。民族内部的阶级对立一消失，民族之间的敌对关系就会随之消失。从 19 世纪 50 年代以后，当一些国家掀起强烈的民族解放运动时，马克思、恩格斯则强调民族解放运动对无产阶级革命的促进作用。

列宁根据马克思主义民族理论，结合帝国主义时代特点，认为殖民地民族解放运动是世界无产阶级革命的一部分。殖民地民族解放运动，按其性质来说虽然是资产阶级民主主义革命，但其斗争锋芒直指帝国主义和国际资产阶级，造成对帝国主义的削弱。这就意味着全世界无产阶级和被压迫人民联合起来，共同进行反对帝国主义的斗争。列宁说："共产国际在民族和殖民地问题上的全部政策，主要应该是使各民族和各国的无产者和劳动群众为共同进行革命斗争、打倒地主和资产阶级而彼此接近起来。这是因为只有这种接近，才能保障战胜资本主义，如果没有这个胜利，便不能消灭民族压迫和不平等的现象。"① 所以，列宁把《共产党宣言》中"全世界无产者联合起"的口号补充和发展为"全世界无产者和被压迫民族联合起来"。为了实践这个口号，列宁坚决支持

① 《列宁选集》第2版第39卷，第161页。

被压迫民族的解放运动，赞颂觉醒的人民和革命运动的高涨。

尽管殖民地国家的民族解放运动具有资产阶级民主主义革命性质，但只要它是反对帝国主义压迫，真正具有革命性质，殖民地国家的无产阶级政党就应该支持，并担负起领导者的责任。资本主义国家的无产阶级要支持殖民地国家的民族解放运动，而且殖民地国家无产阶级要采取正确的策略，领导好民族解放运动。像俄国、印度、中国等这样的国家主要居民是农民，这些国家的无产阶级政党应该正确处理同农民之间的关系。列宁指出："在一切殖民地和落后国家，我们不仅应该组成能够独立进行斗争的基干队伍，即党的组织，不仅应该立即宣传组织农民苏维埃并使这种苏维埃适应资本主义前的条件，而且共产国际还应该指出，还应从理论上说明，在先进国家无产阶级的帮助下，落后国家可以不经过资本主义发展阶段而过渡到苏维埃制度，然后经过一定的发展阶段过渡到共产主义。"①

（五）列宁主义的哲学基础

列宁之所以能够提出"社会主义可能在一国或数国首先胜利的理论"并制定出"帝国主义时代的民族与殖民地理论"，就是因为列宁坚持和发展了马克思主义哲学的世界观和方法论，并在新的历史条件下，对马克思主义哲学进行创新和发展，解决了帝国主义和无产阶级革命的时代问题。

1. 对民粹派和经济派进行批判

列宁在为无产阶级制定革命策略的过程中，首先对自身所处的时代进行了判断，他用

---

① 《列宁选集》第 3 版第 4 卷，人民出版社 1995 年版，第 279 页。

马克思和恩格斯所创立的唯物史观这一有力武器对时代进行科学的判断。但在当时俄国存在的民粹派和经济派却均对唯物史观产生了误解和诋毁，所以列宁对民粹派和经济派进行了批判，阐述唯物史观的重要原理。

俄国民粹派是产生于 19 世纪 60 年代末、70 年代初的一个代表小生产者利益的空想社会主义派别。民粹派代表人物宣扬主观社会学和英雄史观，否认社会历史的客观规律，歪曲和诋毁马克思主义的唯物史观，成为当时俄国传播马克思主义，建立工人阶级政党的主要障碍。

列宁批判民粹派的"人类天性"论。首先，列宁根据马克思的有关论述，指出旧的经济学家和社会学家知识泛泛地谈"一般社会"，但是马克思却探明了作为一定生产关系总和的经济社会形态这个概念，并具体研究了资本主义这个特殊的经济社会形态。其次，列宁进一步阐明了经济社会形态发展的规律性，只有深入研究生产关系，科学地分析各种社会现象，才能找到社会生活的共同规律。再次，列宁揭示了经济社会形态的发展是自然历史过程的可靠根据在于生产力的决定作用。"只有将社会关系归结于生产关系，把生产关系归结于生产力的水平的，才能有可靠的根据把社会形态的发展看做自然历史过程。"① 那么经济社会形态也就像自然现象一样，具有不以人的意志为转移的客观规律性。

列宁又批判了民粹派的英雄史观，论述了历史发展的必然性和个人历史作用的辩证关系。民粹派认为"历史是个人创造的"。对于民粹派把历史必然性和个人活动绝对对立起来的观点，列宁指出："决定论思想确认人的行为的必然性，摈弃所谓意志自由的荒唐神话，但丝毫不消灭人的理性、人的良心，以及对人的行动的评价。恰巧相反，只有根据决定论的观点，才能做出严格正确的评价，而不致把什么都推到自由意志上去。同样，历史必然性的

① 《列宁选集》第3版第1卷，人民出版社1995年版，第8页。

思想也丝毫不损害个人在历史上的作用：全部历史正是由那些无疑是活动家的个人行动构成的。"①

俄国经济派是产生于 19 世纪 90 年代中期俄国社会民主党内的自由主义知识分子在国际修正主义影响下产生的一个机会主义派别。经济派崇拜自发论，醉心于经济斗争，否认自觉的政治斗争，成了提高无产阶级的阶级觉悟、建立无产阶级政党的主要障碍。

列宁批判了经济派的庸俗经济决定论，阐明政治对经济的反作用。经济派认为："对每一个卢布工资增加一个戈比，要比任何社会主义和任何政治都更加切实而可贵。"列宁认为这样的经济决定论是对马克思主义唯物史观的庸俗化。列宁指出："根据经济利益起决定作用这一点，绝不应当做出经济斗争具有首要意义的结论，因为总地来说，各阶级最重大的、

① 《列宁选集》第 3 版第 1 卷，人民出版社 1995 年版，第 26 页。

决定性的利益只有通过根本的政治改造来满足，具体来说，无产阶级的基本经济利益只能通过无产阶级专政代替资产阶级专政的政治革命来满足。"①

列宁还批判了经济派的自发论，阐明了革命理论对实践的指导作用。经济派认为工人运动本身就能自发地养成社会主义意识，不需要革命理论，就会自发地走上社会主义道路。针对这种错误观点列宁指出，科学社会主义是关于无产阶级解放斗争的学说，工人阶级虽然容易接受社会主义，但不可能自发地在工人运动中产生。科学的社会主义是马克思、恩格斯这些代表无产阶级利益的知识分子，通过总结斗争经验和各门科学成果的基础上成立的。工人阶级政党必须把这种科学的思想灌输到工人阶级去，才能实现对革命运动的指导作用。

---

① 《列宁选集》第 3 版第 1 卷，人民出版社 1995 年版，第 333 页。

2. 对经验主义进行批判

1905 年底，俄国的资产阶级民主革命遭到沙皇政府的镇压，导致革命以失败告终。孟什维克分子内部出现了"取消派"，主张取消党的秘密组织；布尔什维克分子内部出现了"召回派"，主张放弃一切合法的斗争。之所以会出现"取消派"和"召回派"，是因为他们都受了经验批判主义的影响。经验批判主义即马赫主义，是 19 世纪由奥地利哲学家马赫和德国哲学家阿芬那留斯创立的一种唯心主义哲学。这种哲学歪曲利用自然科学的成果，具有很大的欺骗性。

列宁在 1908 年写的《唯物主义和经验批判主义》一书中批判了那种主观唯心主义和不可知论，系统阐述并发展了辩证唯物主义：

坚持认识对象的客观性，提出了科学的物质概念。列宁为物质定下了一个科学的概念："物质是标志客观实在的哲学范畴，这种客观实在是人通过感觉感知的，它不依赖于我们的感觉而存在，为我们的感觉所复写、摄影、反映。"① 列宁的物质定义揭示了各种物质形态的共性，物质的唯一特性是客观实在性，物质是可以被人通过感觉所感知的。

坚持物质世界的可知性，提出辩证唯物主义认识论的三个重要结论：（1）"物是不依赖于我们的意识，不依赖于我们的感觉而在我们之外存在着的。"② （2）"在现象和自在之物之间决没有而且也不可能有任何原则的差别，差别仅仅存在于已经认识的东西和尚未认识的东西之间。"③ （3）"在认识论上和在科学的其他一切领域中一样，我们应该辩证地思考，也就是说，不要以为我们的认识是一成不变的，而要去分析怎样从不知到知，怎样从不完全的不

---

① 《列宁选集》第 3 版第 2 卷，人民出版社 1995 年版，第 89 页。

② 《列宁选集》第 3 版第 2 卷，人民出版社 1995 年版，第 77 页。

③ 《列宁选集》第 3 版第 2 卷，人民出版社 1995 年版，第 77 页。

确切的知到比较完全的比较确切的知。"①

坚持真理的客观性，阐明绝对真理和相对真理的辩证关系；列宁批判了相对主义，强调了真理的客观性。坚持真理的客观性是唯物主义的基本立场，对唯物主义来说，承认客观真理是最为重要的。"认为我们的感觉是外部世界的映像，承认客观真理；坚持唯物主义认识论的观点"②，坚持唯物主义的认识论，承认外部世界不依赖于意识而存在，也就是承认客观真理的绝对性。

坚持实践第一的观点，阐明实践是检验真理的唯一标准。经验批判主义者将实践排除于科学和认识论之外，而列宁却强调了实践的重要地位。列宁认为，把实践看作检验真理的标准，也就是将实践当成了认识论的基础，坚持实践是检验真理的唯一标准，就是坚持了唯物

① 《列宁选集》第 3 版第 2 卷，人民出版社 1995 年版，第 77 页。

② 《列宁选集》第 3 版第 2 卷，人民出版社 1995 年版，第 89 页。

主义的基本立场。实践作为检验真理的标准，既是绝对的又是相对的。判断真理的正确与否，只能通过实践来检验，从这点上来说是不转移的，是绝对的；但每一个事物都有一定的局限性，所以实践标准又有不确定性的一面。

3. 对修正主义哲学进行批判

第一次世界大战后，第二国际修正主义用折中主义反对马克思主义，用诡辩论反对辩证法，用改良主义反对无产阶级革命。为了研究唯物辩证法的问题，列宁通过大量的阅读编成《哲学笔记》一书，这部巨作内容丰富，极大地丰富和发展了唯物辩证法。

《哲学笔记》等著作中，列宁明确地把辩证法和形而上学概括为两种对立的发展观，分析了它们对立的实质和特点。形而上学的特点是同孤立、静止、片面、表面的观点去看世界，否认唯物辩证法所主张的事物因内部矛盾引起发展的学说，认为事物运动变化完全是由外部原因引起的，看不到事物的质变，看不到旧事物的消亡和新事物的产生。而唯物辩证法是"发现自然界的（也包括精神的和社会的）一切现象和过程具有矛盾着的，相互排斥着的，对立的倾向"①，"矛盾却是一切运动和生命力的根源，某物质因为在本身中包含着矛盾才运动，才具有冲动和活动"②。

《哲学笔记》等著作中，列宁把握和运用唯物辩证法的基本原则。第一，坚持考察的客观性，客观地运用概念的灵活性。"概念的全面的、普遍的灵活性达到了对立面统一的灵活性，这就是实质所在。……客观地运用灵活性，即反映物质过程的全面性及其统一性的灵活性，就是辩证法，就是世界的永恒发展的正确反映。"③ 第二，坚持联系的全面性，把握事物全部关系的总和。正确地运用唯物辩证法，防止抓住个别事例以偏概全，以个别现象歪曲

① 《列宁选集》第 3 版第 2 卷，人民出版社 1995 年版，第 557 页。

② 《列宁选集》第 2 版第 55 卷，第 116 页。

③ 《列宁选集》第 2 版第 55 卷，第 91 页。

事物的本质。第三，坚持重点论，把握事物联系中主要和次要之间的区别。只有抓住其主要作用的决定因素，才能把握事物的主流和本质。第四，坚持绝对性和相对性的辩证关系，正确认识静止和运动的辩证关系。在客观辩证法中相对和绝对的差别也是相对的。

《哲学笔记》等著作中，明确提出对立统一规律是辩证法的实质和核心。

（1）对立统一规律揭示了世界普遍联系的实质。辩证法是关于普通联系的科学，世界是普遍联系的统一整体，联系是复杂多样的。但不论是什么样的联系，其根本内容都是互相排斥的对立面之间的相互关系，即既对立又统一。所以，联系就是矛盾，只有把握对立统一规律，才能说明事物的联系，了解联系的内容和本质。（2）对立统一规律是唯物辩证法的发展观区别于形而上学发展观的根本标志。辩证法是永恒发展的科学，只有从对立统一中，才能了解发展的动力源泉、根本内容和实在过程；才能从根本上同形而上学的发展观区别开来。（3）对立统一规律是理解、把握唯物辩证法其他规律和范畴的钥匙。唯物辩证法作为完整而严密的科学具有丰富的内容，它是由三个基本规律（质量互变规律、对立统一规律和否定之否定规律）和若干范畴所组成。在全部辩证法的内容中，唯有对立统一规律是核心，它贯穿于一切其他规律和范畴。只要以它为指导，其他规律和范畴便可获得深刻的解释和正确的规定。

《哲学笔记》等著作中，列宁对唯心主义的产生原因作了深入分析，丰富和发展了唯物辩证法。从认识的结构上说，唯心主义是由于把认识的某一成分无限夸大而产生的；就认识过程说，唯心主义是由于把认识曲线上的某一片断变成独立完整的直线而产生的。唯心主义是对现实世界的歪曲反映，在阶级社会里，它适应了反动统治阶级的需要。由于反动统治阶级的利益与社会历史发展的趋势相违背，所以它们歪曲客观事物的本来面貌，用唯心主义为其利益和地位作辩护，为其政权和社会制度作论证。因此，反动统治阶级总是竭力宣扬、推崇唯心主义，把它法定为占统治地位的意识形态，这就是唯心主义长期存在的阶级根源。

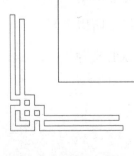

四、无产阶级专政和
无产阶级新型民主的理论

　　无产阶级反对资产阶级斗争必然会导致无产阶级专政，这是马克思、恩格斯提出的科学社会主义的重要思想。十月革命前后，列宁反复研究马克思主义国家学说，及时总结无产阶级夺取政权后阶级斗争的经验，继承、捍卫并大大发展了马克思关于无产阶级专政理论和新型民主理论。

（一）无产阶级专政理论

　　十月革命后，列宁在分析俄国过渡时期的经济政治特征的基础上，进一步提出了无产阶级专政出现的必然性。苏维埃俄国过渡时期经济结构包括：（1）宗法式的，即在很大程度上属于自然经济的农民经济；（2）小商品生产；（3）私人资本主义；（4）国家资本主义；（5）社会主义。① 所以在过渡时期，社会经济的基本形式应该是资本主义、小商品生产和共产主义。所以在这种社会经济形势所适应的阶级就是资产阶级、小资产阶级和无产阶级。列宁概括说："这个过渡时期不能不是衰亡着的资本主义与生长着的共产主义彼此斗争的时期，换句话说，就是已被打败但还未被消灭的资本主

---

① 《列宁选集》第2版第34卷，第275页。

义和已经诞生但还非常幼弱的共产主义彼此斗争的时期。"① 过渡时期是衰亡着的资本主义和生长着的共产主义彼此斗争的时期，必须坚持无产阶级专政。

马克思不仅提出了资本主义向社会主义过渡的时期必须实行无产阶级专政这一观点，而且还在总结巴黎公社经验时提出，巴黎公社其实是工人阶级的政府，是可以使劳动在经济上获得解放的政治形势。列宁根据马克思的这一思想，发现了俄国无产阶级专政的具体组织形式——苏维埃。

苏维埃起源于 1905 年俄国革命，当时是一种工人和士兵的直接民主形式。十月革命以后，苏维埃成为俄国新型的政权的标志，城市和乡村的最基本生产单位都有苏维埃，苏维埃在共产党的领导下，不仅可以立法，还可以直接派生行政机构。

列宁把苏维埃和巴黎公社列为同一种类型

① 《列宁选集》第 2 版第 37 卷，第 263 页。

的存在，但是巴黎公社只是在一个城市内存在了短短几个星期的时间，而苏维埃则是在俄国这个大国存在了几个月的时间。所以在这种苏维埃政权下产生的新的国家形式具有重大的历史意义。

虽然苏维埃是俄国无产阶级专政的最好的国家形式，但是每个国家每个民族在向社会主义阶段过渡时，都会有符合自己民族特点的无产阶级专政的国家组织形式。每个民族都会有自己独特的特点这是不可避免的，所以一切民族走向社会主义道路的走法都不会完全一样。列宁一再教育东方各国共产主义者，不要照抄外国经验，而必须把握自己的民族特点来确定自己革命和政权的具体形式，建立适合自己的无产阶级专政。

在十月革命后的几年，列宁特别强调了无产阶级专政的本主属性和任务。无产阶级专政是新型民主和新型专政的国家。列宁认为："专政是直接凭借暴力而不受任何法律约束的政权"，"无产阶级的革命专政是由无产阶级对资产阶级采用暴力手段来获得和维持的政权，不受任何法律约束的政权。"[①] 但是无产阶级专政的实质主要不在于暴力，而是在于资本主义的民主政权。列宁强调的是无产阶级专政在非暴力和民主的方面，强调无产阶级专政的苏维埃政权比起资产阶级的政权更民主。他指出苏维埃政权是无产阶级民主的一种形式，"比任何资产阶级民主要民主百万倍；苏维埃政权比最民主的资产阶级共和国要民主百万倍。"[②] 无产阶级革命不是由一种剥削代替另一种剥削制度，而是消灭私有制，建立社会主义公有制。因此无产阶级专政的历史任务是在镇压剥削阶级反抗的同时，保证建立新社会所需要的生产关系。第一方面，在镇压剥削阶级反抗方面是比较容易的，因为对无产阶级和劳动人民来说，无比迫切地想消灭掉剥削他们压迫他们的宿敌；另一方面，完成组织经济，建立社会主

---

① 《列宁选集》第 2 版第 35 卷，第 237 页。
② 《列宁选集》第 2 版第 35 卷，第 249 页。

义经济关系方面的任务，则是比较困难的。这一任务随着无产阶级政权的不断巩固，也越来越成为主要任务。

无产阶级专政是由无产阶级实行国家领导的政权，坚持无产阶级和劳动农民的联盟，是无产阶级专政的最高原则。没有无产阶级和农民及其他劳动人民的巩固联盟，也就没有巩固的无产阶级专政。工农两个阶级在所有的国家中都占人口的绝大多数。推翻地主阶级、资产阶级的反动政权，主要是这两个阶级的力量，实现社会主义、共产主义制度，也主要是靠这两个阶级的联盟。

无产阶级专政是无产阶级和最广大的人民反对国内外反动势力的战斗的联盟。专政是对付敌人，对付国内外反动派的武器。对人民自己，对联盟内部，则不能实行专政，而只能实行民主。对于反动派的专政必须同最广泛的人民民主即社会主义民主紧密地结合在一起。无产阶级专政之所以强有力，之所以能够战胜国内外的强大敌人，担负起实现社会主义的伟大历史任务，正因为它一方面是劳动群众对反动剥削阶级的专政、绝大多数人对极少数人的专政，而另一方面又对于广大人民实现了任何资产阶级民主所不能实现的民主。它能够充分发挥千百万劳动人民以及一切社会进步力量的自觉性和积极性，把他们紧密地团结起来，形成能够战胜一切的伟大力量。

无产阶级专政利用无产阶级政权来镇压剥削者，保卫国家，巩固和其他各国无产者之间的联系，促进世界各国革命的发展和胜利；利用无产阶级政权来使被剥削劳动群众完全脱离资产阶级，巩固无产阶级和这些群众的联盟，吸引这些群众参加社会主义建设事业，保证无产阶级对这些群众实行国家领导；利用无产阶级政权来组织社会主义，消灭阶级，过渡到无阶级的社会，即过渡到社会主义社会。

无产阶级专政只有在共产党领导下，才能有效地完成自己的历史使命；但要反对以党代政，要努力改进党的领导方式。

一方面，列宁从当时的阶级现状出发，强

调无产阶级及其先锋队共产党是无产阶级专政的领导力量。只有吸收了阶级的革命力量的先锋队共产党才能实现这种专政。列宁说："只有这个先锋队才能抵制这些群众中不可避免的小资产阶级动摇性，抵制无产阶级中不可避免的种种行业狭隘性或行业偏见的传统和恶习的复发，并领导全体无产阶级的一切联合行动，也就是说在政治上领导无产阶级，并且通过无产阶级领导全体劳动群众。不这样，便不能实现无产阶级专政。"① 所以，共产党是无产阶级专政的最高领导力量。同时，列宁认为，共产党的领导必须通过苏维埃、工会、非党工农代表会议等"传动装置"和本阶级的群众取得密切联系来实现。这个"由若干齿轮组成的复杂体系"，"就是无产阶级专政的基础本身的结构。"②

另一方面，对共产党执政中出现的问题，

---

① 《列宁选集》第 2 版第 41 卷，第 85 页。
② 《列宁选集》第 2 版第 40 卷，第 200 页。

如党政不分、以党代政等，列宁也有清醒的认识：他强调无产阶级政党领导的任务，"是对所有国家机关的工作进行总的领导，不是像目前那样进行过分频繁的、不正常的、往往是琐碎的干预。"① 就是说党的领导是从国家整体方面进行领导，是从方针、路线、政策方面实行领导，而不是在各个方面干预下属部门的工作。摆正了位置，理顺了关系，调动了职能部门的积极性，党的领导就落到了实处。

列宁关于无产阶级专政的探索，不仅为俄共（布）的长期执政奠定了理论基础，同时也为世界其他国家无产阶级政党走上执政地位提供了理论指导，特别是为我们中国共产党以后建立无产阶级政权提供了理论指导。

① 《列宁选集》第 2 版第 43 卷，第 64 页。

（二）新型民主的理论和实践

列宁高度重视马克思对巴黎公社经验的总结，他认为巴黎公社充分体现了人民自己管理自己的直接民主方式，所以他在十月革命的前后的一段时间，坚持认为无产阶级取得政权后应该像巴黎公社那样采取人民自治，直接民主的管理方式。"一切官吏应由选举产生，并且可以随时撤换，他们的薪金不得超过熟练工人的平均工资。"① 十月革命胜利后的一段时间里，列宁意识到，这种直接民主的方式不符合当时俄国的实际情况，在实践中出现了许多问题。

直接民主制行不通，加上内战爆发，战争条件的严酷，很快就出现了高度集中的政治体

① 《列宁选集》第 2 版第 31 卷，第 96 页。

制。因此，由直接民主转向党代表人民进行管理的间接民主。列宁最初在俄国进行间接民主政治体制的实践，把人民直接管理改为政党代表制，把"一切权力归苏维埃"改为党监督苏维埃，从工人直接监督管理企业转向国家管理企业，从苏维埃选举制改为党的委任制，从独立的人民监督改为属于国家监察机构的监督，从强调法制改为赋予肃反委员会具有特殊权力。

把人民直接管理改为政党代表制。列宁指出："由于文化水平这样低，苏维埃虽然按党章规定是通过劳动者来实行管理的机关，而实际上却是通过无产阶级先进阶层来为劳动者实行管理，而不是通过劳动群众来实现管理的机关。"[①]

把"一切权力归苏维埃"改为党监督苏维埃。这样一来权力重心从苏维埃手里逐渐转向了党的手里。十月革命前，布尔什维克提出"一切权力归苏维埃"的口号，列宁也曾强调

① 《列宁选集》第 2 版第 36 卷，第 155 页。

苏维埃高于各政党，但是在苏维埃政权面临残酷形势下，权力集中到无产阶级政党手里。

从工人直接监督管理企业转向国家管理企业。原来列宁设想，实现社会主义是要由工人监督企业进入到由工人管理企业，但由于当时工人的文化水平较低，缺乏管理经验，加上战争环境所迫，企业不得不由国家来直接管理。

从苏维埃选举制改为党的委任制。在十月革命初期，干部的任用由人民选举或罢免，在战时共产主义时期，这样的人民选举制和罢免制，变成了由党直接委任的制度。

从独立的人民监督改为属于国家监察机构的监督。十月革命结束，除了工人监督条例，成立了全国工人监督委员会，这个委员会成为最高工人监督机关，是不隶属于任何国家检查机关的，但是在 1919 年，现有的所有监督检察机关移交给国家监察部管辖，加以改造以适应新的监督任务。

从强调法制改为赋予肃反委员会具有特殊权力。十月革命胜利初期，列宁曾领导党和苏维埃政权为确定法制建设而斗争，没过多久，苏维埃政权面临被破坏的严峻形势，成立了肃反委员会，普通党的各级委员会也直接进入，进行工作。

但是，这种体制渐渐变成高度集权的政治体制，所以列宁不得不着手对其进行调整和改革。

第一，在党内实行"工人民主制"。"工人民主制"的内容包括："排斥一切委任的制度"，"从下到上的一切机关，都实行普遍选举制报告制度和监督制"，"党的决议未通过以前，展开广泛的讨论和争论，充分自由地进行党内批评，集体制定全党性的决议"，"使召开党的领导机关的公开会议成为一种制度"，"使党的舆论对领导机关的工作进行正常的监督"等。

第二，建立党内的检察体制。检察委员会的任务是："同侵入党内的官僚主义和升官发财思想，从党员滥用自己在党内和苏维埃中的职权的行为，同破坏党内的同志关系、散布毫无根据的侮辱党或个别党员的谣言，以及其他诸如此类的破坏党的统一和威信的流言蜚语的现象作斗争。"①

第三，实行政党分工，正确划分党和苏维埃的职权范围。列宁指出："必须十分明确地划分党（及其中央）和苏维埃政权的职责；提高苏维埃工作人员和苏维埃机关的责任心和独立负责的精神，党的任务则是对所有国家机关的工作进行总的领导，不是像目前那样进行过分频繁的、不正常的、往往是琐碎的干预。"②

第四，整顿和改组肃反机关。肃反机关的成立，对保卫和巩固新生的苏维埃政权起了重大的作用，但是肃反机关的人员也曾经犯下了不少错误，但毕竟它是非常形势下的产物，所以当进入和平建设时期时，它显然已经不能适应加强法制建设社会的要求。所以在实行新经济政策后，列宁对肃反机关进行了彻底的

① 《马克思列宁主义基本问题》第四版，第204页。
② 《列宁选集》第2版第43卷，第64页。

改组。

　　第五，精简机构。战时共产主义时期形成了高度集中的政治体制，高度集中的政治体制助长了官僚主义，随着部门的增加，管理机构和工作人员就随之增加起来，面对这样的情况列宁开始精简机构，裁减人员，建立高效的国家机构。

（三）列宁晚年对
新型民主建设理论做出的贡献

　　如何在落后国家里建设社会主义，这是一个困扰全党的重大理论问题。列宁晚年因为健康原因脱离了繁杂事务，得以有时间对这个问题进行深入思考，并得出许多新的认识。从1922 年 12 月到 1923 年 3 月上旬，列宁口述了《日记摘录》、《论我国革命》、《论合作制》、《宁肯少些，但要好些》和《我们怎样改组工农检察院》五篇著述。以及给即将召开的党的十二大的三封重要信件：《给代表大会的信》、《关于赋予国家计划委员会以立法职能》、《关于民族或"自治化"问题》，此外还有十多封重要信件，这些论文和信件成为列宁的"政治遗嘱"，也是列宁不可磨灭的贡献的一部分，占有重要的地位。这些新认识是列宁关于社会主义建设理论的最新成果。

一是使党内生活逐步走向民主化。列宁把党内生活民主化视为无产阶级新型民主的前提和关键。因此，针对俄国当时的实际情况，列宁努力使党内生活民主化。(1)扩大中央委员会的人数，打破少数职业革命家组成的党的领导集团的传统格局。不仅从规模上增加人数，而且改变成分大量增加普通工农群众。(2)防止主要职员滥用专权或以权谋私。(3)党的中央机关和领袖人物由工人中央委员和工农检察院成员结合起来共同监督。

二是强化人民的监督权。将党的监察委员会与工农检察院结合起来，并选出新的工农中央监察委员会，提高监督机关的地位和权限，有权监督任何国家机关、领袖人物及一切企事业单位。

三是根本改造整个国家的机构。首先要厉行节俭，反对奢华浪费；其次要提高效率，精简机构和工作人员；第三要严格选拔，任用人才，使机关中有各种类型的人员，达到各种优点和各种品质的最佳组合；第四要学习和借鉴欧美发达资本主义国家的好东西；第五要坚持不懈地改善国家机关问题，列宁主张"宁肯少些，但要好些"。他一再强调，在改善国家机关问题上，"最有害的就是急躁"，"所以我们必须记住，为了建立这样的机关不应该舍不得时间，而应该花上许多许多年的时间。"①

四是提高全民族的文化水平。只有提高全民族的文化水平，才能为无产阶级新型民主奠定坚实基础，才能把反对官僚主义的斗争进行到底。俄国文化的落后给社会主义民主建设带

① 《列宁选集》第2版第43卷，第379页。

来了巨大的障碍，所以列宁在做最后思考的时候把大力发展教育、提高民族文化水平，放在重要的位置。

列宁晚年对社会主义的重新认识，是关于落后的俄国走向社会主义的一种战略构想。他提出了落后国家走向社会主义只能采取间接迂回道路的理论主张。但是，由于列宁经历的社会主义实践的时间太短，晚年思想很多未能付诸实践，新经济政策大致也在 1928 年结束。所以，列宁晚年思想没有在后来的社会主义建设中得到贯彻。不过，发掘列宁晚年的思想对世界社会主义运动仍然有着十分重要的理论意义和现实意义。

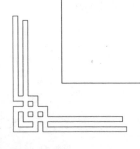

五、列宁关于无产阶级政党建设的理论

（一）新的社会环境需要建立新型的无产阶级政党

无产阶级政党的领导是无产阶级革命取得胜利的基本条件。19 世纪末 20 世纪初，无产阶级革命日益迫近，急需无产阶级政党的领导和指导。新的革命形势要求成立新型的无产阶级政党。这个新型的无产阶级政党不再是主要以合法斗争为手段的社会民主党，而是在组织目标、组织原则、活动方式等方面都有自己特点的新型政党。这个政党是既能领导工人阶级和广大农民群众实现民主主义的任务，又能实现社会主义任务的马克思主义的革命政党，只有这样坚强而且人数众多的工人政党，才能使俄国从政治经济的压迫下解放出来。

为了建设这样一个政党，必须培养出一批有较强的政治理论基础、眼界开阔、目光长远、有极大革命毅力、有较强管理领导能力和组织才能的领袖。"在现代社会中，如没有十来个富有天才、经过考验受过专业训练和长期教育并且彼此配合得很好的领袖，无论哪个阶级都无法进行坚持不懈的斗争。"①

党是以马克思主义为指导的无产阶级先锋队。所谓"先锋队"就是说，党必须以马克思

① 《列宁选集》第 3 版第 1 卷，人民出版社 1995 年版，第 401 页。

主义作为指导思想，而且党的成员必须是无产
阶级中的优秀分子。首先，无产阶级政党必须
坚持以马克思主义为指导。"没有革命理论，
就不会有坚强的社会党，因为革命理论能使一
切社会党人团结起来，他们从革命理论中取得
一切信念，他们能运用革命理论来确定斗争方
法和活动方式"①，"只有以先进理论为指南的
党，才能实现先锋战士的作用。"② 而这种先进
的理论就是马克思主义。其次，必须向工人群
众灌输科学社会主义思想。把社会主义思想灌
输到自发的工人运动中去，把工人运动和社会
主义结合起来，赋予工人运动以社会主义的性
质。再次，要科学地对待马克思主义既要实事
求是地运用马克思主义的基本原理，又要坚决
反对各种机会主义思潮。"我们决不把马克思
的理论看作某种一成不变的和神圣不可侵犯的

① 《列宁选集》第 3 版第 1 卷，人民出版社 1995 年版，
第 274 页。
② 《列宁选集》第 3 版第 1 卷，人民出版社 1995 年版，
第 312 页。

东西；恰恰相反，我们深信：它只是给一种科学奠定了基础，社会党人如果不愿落后于实际生活，就应当在各方面把这门科学推向前进。我们认为，对于我国社会党人来说，尤其需要独立地探讨马克思的理论，因为它所提供的只是总的指导原理，而这些原理的应用具体地说，在英国不同于法国，在法国不同于德国，在德国又不同于俄国。"①

党是无产阶级有组织的部队。党要有战斗力，就必须成为有组织的部队。党员必须参加党的一个组织，必须有严格的统一的纪律。"无产阶级在争取政权的斗争中，除了组织之外，没有别的武器。"要使无产阶级在斗争中组织起来，首先要求无产阶级政党成为有组织、有纪律的部队。列宁认为，如果没有坚强的革命组织的领导，就不能进行无产阶级真正的阶级斗争。由于列宁建立了一个有组织、有

① 《列宁选集》第 3 版第 1 卷，人民出版社 1995 年版，第 274 页。

纪律的党，才领导十月革命取得了胜利，建立起世界上第一个社会主义国家。要成为有组织的党，首先，要坚持民主集中制。这也是列宁将马克思主义政党学说与俄国国情相结合下得出的科学概念。只有坚持民主集中制，才能克服涣散状态，代替个人信任和个人关系的原则，集中群众的智慧，发挥群众的积极性，正确处理领导与被领导的关系。其次，党必须有铁的纪律。党的各级领导干部和人员都应该遵守严格统一的铁的纪律，这是没有弹性的。无产阶级不仅在夺取政权的斗争中需要铁的纪律，而且在夺取政权以后更需要铁的纪律、铁的组织，"否则，我们不仅支持不了两年多，甚至连两个月也支持不了。"① 列宁指出："否认党性，否认党的纪律，——这就是从反对派那里得出的结论。这就等于完全解除无产阶级的武装而有利于资产阶级。这就等于放纵小资

---

① 《列宁选集》第 3 版第 4 卷，人民出版社 1995 年版，第 134 页。

产阶级的散漫、动摇、不能坚持、不能团结、不能统一行动等劣根性，而纵容这些劣根性，就必然使无产阶级的任何革命运动都遭到失败。"再次，党必须有坚强的领导核心，列宁认为，党必须有一个由职业革命家组成的坚强领导核心，才能成为有组织的部队。最后，必须时刻维护党的团结和统一。党的团结统一是无产阶级取得革命胜利的必要条件。列宁认为，团结统一对无产阶级来说是非常重要的。他指出："一盘散沙的工人一事无成，联合起来的工人无所不能。"同时，列宁还指出，工人阶级的团结统一，必须靠党的团结统一来实现。"俄国社会民主工党不统一，这个无产阶级也就不可能统一。"因此，党的团结统一是工人阶级团结统一的保证，也是无产阶级专政胜利的保证。同时列宁还同来自"左"和右的机会主机展开斗争，维护党的纯洁性，所以列宁同民粹派、经济派、孟什维克等派别都进行过斗争，通过这些斗争，党的理论和思想都变得成熟起来，组织上也得到了巩固。从这几个方面加强党的建设，就能保证无产阶级政党是一支坚强的、有组织的队伍。

党的根本组织原则是民主集中制。1906年，俄国社会民主党第四次（统一）大会，根据列宁的提议，首次把民主集中制写入党章。后来，列宁又将此推广运用到共产国际的各国党。党的领导作用问题，是马克思主义政党学说的一个根本问题。马克思和恩格斯在《中央委员会告共产主义者同盟书》中就明确指出："应该使自己的每一个支部变成工人联合会的中心和核心。"列宁坚持、捍卫和发展了马克思、恩格斯这一思想，提出了党是无产阶级组织的最高形式的原理。1905年底，俄国社会民主工党明确提出了"民主集中制"的概念，1906年，党的四大上，民主集中制被正式写进了大会的组织章程，成为党的组织原则。民主集中制的内容涵盖广泛，列宁早在1905年7月就提出六点：（1）少数服从多数；（2）党的最高机关应当是代表大会，其决定应当是最后的决定；（3）党的中央机关选举是直接选举，必须在代表大会上进行；（4）党的一切出版物，必须绝对服从相应的中央或地方党组织；（5）对党员资格的概念必须作出极其明确的规定；（6）对党内任何少数人的权利同样应在党章中作出明确的规定。但是民主集中制是民主与集中的辩证统一，民主和集中是有机联系、互相制约、互相促进的。民主是集中的前提和基础，只有发扬党内民主，才能活跃党内生活，发挥每个党员和党组织的积极性、主动性和创造精神，才能提高每一个党员和党组织对党的事业的责任感；集中是民主的必然要求和归宿，党内民主必须在党内的集中指导下进行，必须受党章和党的纪律的约束，如果只讲民主，不要集中，党内的民主或者将流于议而不决的空谈，或者会导向极端民主化和无政府主义。所以，贯彻民主集中制，既不能离开民主讲集中，也不能离开集中讲民主，必须把二者有机地统一起来。列宁主张，党内既要实行民主，又要实行集中。但是，在不同的时期可以有不同的侧重点。民主集中制是对马克思主义党的学说的重要发展和创新，只有坚持民主集中制原则，才能保持党的无产阶级性质。

党是无产阶级组织的最高形式。在无产阶级各种组织形式中，党是最高形式，只有党才能统一各组织间的行动，保证革命胜利。建立新型无产阶级政党的目的，就是使无产阶级夺取政权，用革命手段把资本主义社会改造成社会主义社会。因此，党在建设无产阶级政权时，主要是要把劳动阶层人民和饱受压迫的人民吸引到无产阶级方面来，实现无产阶级的领导权。列宁认为，工会是工人阶级组织的初级形式，而党是"无产者的阶级联合的最高形式"。指出，在资本主义发展初期，工会是工人阶级的一个巨大进步，因为工会是工人由散漫无力进到初步阶级联合的过渡。但是，这种初级的阶级联合，不能摆脱工人阶级自发斗争的状况，还必须把科学社会主义的理论同工人运动结合起来，创建无产阶级政党，工人阶级才能从自发斗争变为自觉斗争。从党与群众组织的关系看，党是无产阶级组织的最高形式，这就摆正了党同非党组织的关系。工人阶级的其他组织,如工会、青年团、妇女组织,都要在党的领导下进行工作,都要接受党的领导。列宁说:"党是无产者的阶级联合的最高形式。"① 列宁认为,党之所以起领导作用,是由党的无产阶级先进部队的性质和党所担负的历史任务决定的。指出:"党是阶级的先进部队,是阶级的领导者和组织者,是整个运动及其根本和主要目的的代表。""要是这个党不学会把领袖和阶级、领袖和群众结成一个整体,结成一个不可分割的整体,他便不配拥有这称号。"②

党必须坚持两条战线的斗争。一方面,允许发表不同意见,并通过发扬党内民主的办法加以解决;另一方面,一旦党内出现右的或"左"的错误路线,就要坚决斗争。列宁总结了国际共产主义运动和俄国党内斗争的经验,

① 《列宁选集》第 3 版第 4 卷,人民出版社 1995 年版,第 160 页。

② 《列宁选集》第 3 版第 1 卷,人民出版社 1995 年版,第 160 页。

提出必须反对来自"左"、右两方面的机会主义和错误倾向，并概括为"两条战线的斗争"。这是对马克思主义党内斗争理论的重要发展。列宁认为，机会主义是一种国际现象，是工人运动在"和平"发展时期的产物，有着深刻的阶级根源和思想根源。但是，在表现形式上，有"来自右面的"机会主义，也有"来自左面的"机会主义。不管是"左"的或是右的机会主义，对党、对革命事业都具有严重的危害性。列宁认为，必须同党内各种机会主义倾向作坚决斗争，杜绝任何派别言论，消除一切派别活动，取缔一切派别组织，只有这样，党才能不断巩固和发展。这是马克思主义政党发展的一个共同规律。

（二）如何建设好工人阶级执政党

十月革命后，布尔什维克取得了政权，但这样的位置是极其不牢固的，一些反动势力一直在各地引起叛乱，企图取代布尔什维克。在国际环境下，帝国主义势力给俄国施压，进行武装干涉，妄图把新生的苏维埃政权杀死在萌芽状态，所以列宁对建设无产阶级新型政党提出了准则。

坚持党在国家生活中的领导地位。列宁认为，这是一个不可动摇的原则。"当时直接执政的无产阶级先锋队，是领导者"，"在我国，国家政权的一切政治经济工作都由工人阶级觉悟的先锋队共同领导。"① 为什么会这样说呢？首先，追溯历史，在布尔什维诞生之日开始，就一直和群众打成一片，一直代表人民群众的利益，领导着俄国的无产阶级和劳动人民进行英勇的斗争；其次，党对国家的领导是由无产阶级专政的性质所决定的，列宁指出："无产阶级专政是对旧社会的势力和传统进行的顽强斗争，流血的和不流血的，暴力的和和平的，军事的和经济的，教育的和行政斗争的……没

---

① 《列宁选集》第 3 版第 4 卷，人民出版社 1995 年版，第 423 页。

有铁一般的在斗争中锻炼出来的党，没有为本阶级一切正直的人们所信赖的党，没有善于考察群众情绪和影响群众情绪的党，要顺利地进行这种斗争是不可能的。"[1] 但是，党领导苏维埃，却不应代替苏维埃。

坚持党的铁的纪律。在实行无产阶级专政时期，新旧力量会出现严峻的较量，只有实行铁一般的纪律才能在这斗争中取得胜利。"在目前激烈的国内战争时代，共产党只有按照高度集中方式组织起来，在党内实行近似军事纪律那样的铁的纪律"[2]，才能保证党团结统一、实现党的领导、执行党的方针政策，发挥党的先进性的必要条件。

经济建设是党的首要的根本的任务。无产阶级政党在取得政权后，首要的根本任务就是进行经济建设。之所以如此，一是建立社会主义物质基础的需要。若是想建设社会主义，就

---

[1] 《列宁选集》第 3 版第 4 卷，人民出版社 1995 年版，第 154 页。

[2] 《列宁选集》第 2 版第 39 卷，第 202 页。

必须提高经济水平；二是防止资本主义旧制度复辟的最根本保证。只有巩固了政权才能防止反对势力的复辟，而提高经济建设正是要充分显示社会主义的生命力和优越性；三是为对付帝国主义侵略。落后就会挨打，只有发展了经济才不至于成为强国的猎物；四是为实现共产主义创造条件。列宁说："为了完全消灭阶级，不仅要推翻剥削者即地主和资本家，不仅要废除他们的所有制，而且要废除任何生产资料所有制，要消灭城乡之间、体力劳动者和脑力劳动者之间的差别。这是很长时间才能实现的事业，要完成这一事业，必须大大发展生产力。"①列宁认为，经济建设的任务比军事斗争更复杂、更困难，不能单凭热情，还要有科学精神和管理艺术。尤其是在做复杂工作时，更需要有生活经验、阅历丰富的人。为了解决这一问题，列宁组织大家开始学习，掀起学习的热潮。

---

① 《列宁选集》第 3 版第 4 卷，人民出版社 1995 年版，第 11 页。

　　党要始终同群众保持密切联系。列宁清醒地看到，执政了的无产阶级政党最严重最可怕的危险之一就是脱离群众，必须始终同群众保持密切联系。执政党只有保持同人民群众的密切联系，才能巩固自己的执政地位和取得社会主义事业的胜利。为了防止执政党脱离群众，一是要防止骄傲自大。列宁把"骄傲自大"看成是执政党的敌人，"我们党目前也会陷入十分危险的境地，即变得骄傲自大起来。这是十分愚蠢、可耻和可笑的。大家知道，一些政党有了骄傲自大的可能，这往往就是失败和衰落的前奏。"① 二是要防止脱离实际的主观主义。盲目决策，犯主观主义的错误。列宁认为，在执政以后党的最大危险就是主观武断，盲目决策，使党的方针政策出现失误。在内战时实行了战时共产主义政策，出现了"左"的错误，但这是情况所迫。在以后制定方针政策时一定透彻地分析国家的具体情况，正确表达人民群

① 《列宁选集》第 2 版第 39 卷，第 354 页。

众的意愿。三是要同各种官僚主义现象作斗争。一方面，揭露党和国家机关的官僚主义，严重的官僚主义现象一旦发现，加以严肃处理；另一方面，提高人民群众对党和国家机关的监督作用，提高民众的监督意识，积极参与到管理国家中来。

发展党内民主，加强党内监督。列宁认为，在进入和平时期以后，无产阶级政党必须由战斗命令制改为工人民主制，充分发扬党内民主。随着内战的结束，俄国逐渐走上经济发展时期，列宁一方面坚持党的集中和统一，另一方面不断扩大党内民主。1912年列宁主持召开了俄共（布）十大通过的《关于党的建设》决议。决议中提出，随着新经济政策的实行，必须把"战斗命令制"改为"工人民主制"，充分发挥党内民主。列宁还十分重视加强党内监督。他主张：必须提高党的监察机关的威信和它的职权，监察机关要有最大限度的独立性。第一，各级监察委员会应由党内最有威信的同志组成，并且不得兼任其他职务；第二，各级监察委员会必须与同级党委会平行，有同等的权力；第三，监察机关应保持自己的独立性。列宁认为，中央监察委员会是由代表大会选出来的，必须独立地行使自己的监察权，而不受同级党委决议的约束。列宁还着重指出："中央监察委员会必须在自己主席团的领导下，经常检查政治局的一切文件。"

注重党员质量，纯洁党的队伍。列宁一向重视党员纯洁性的问题。"徒有其名的党员，就是白给，我们也不要。世界上只有我们这样的政党，即革命工人阶级的党，才不追求党员数量的增加，而是注重党员质量的提高和洗清'混进党里来的人'。"列宁如此重视党员的质量，是因为：第一，无产阶级政党是执政党，加入党组织后就有了一定的政权，这是有一定诱惑力的，一些追求名利的人自然会想加入进来。第二，如果对执政党管理不严厉的话，会出现滥用私权，以权谋私等违法乱纪的现象。第三，由于执政党的中心任务变化，所以要求党员一定有忠心，而且还要有一定的本事。第四，党执政以后，新党员大量增加，对其教育的任务量也随之增加。综上所述，一定要加强对党员的教育。为了提高党员质量，列宁也提出了一系列的措施：第一，加大党员选拔的严格程度，选出合格党员。只有那些经过严格考核的、经得住考验的、真正忠于国家忠于党的人员，才能加入党组织。严格筛选，严格办理手续。第二，加强对党员的教育力度。十分认真地对新党员进行马克思主义理论的教育，把他们培养成建设共产主义的干部，使他们有思想，有能力。第三，加大对党员的监管力度。把党员置于严格的法律之下，他们应该成为遵纪守法的模范，一旦犯下错误，从严处理。第四，及时清除不合格的党员。把一些混进党的队伍的"欺骗分子，官僚化分子，不忠诚分子和不坚定的共产党员以及虽然'改头换面'但内心里依然故我的孟什维克从党内清除出去"①。

---

① 《列宁选集》第 3 版第 4 卷，人民出版社 1995 年版，第 562 页。

六、新经济政策和
列宁建设社会主义的思想

（一）不同于"战时共产主义"政策的
新经济政策

　　建设社会主义是人类历史上既伟大又艰难的事业，尤其是像俄国这样文化落后的大国，通过无产阶级社会主义革命建设社会主义，更是难上加难，十月革命成功后，列宁开始了落后国家建设社会主义的首次尝试，领导党和人民从实行"战时共产主义"到探索新经济政策，为建设社会主义积累经验。

"战时共产主义"政策是 1918 年下半年至 1921 年春，苏俄政府为战胜外国武装干涉而采取的一系列政策。内容有：（1）实行余粮收集制，涉及各种农产品。改变以前粮食垄断和禁止私人买卖粮食的现象。由于通货膨胀，农民交出的产品几乎是无偿的。（2）除大工业外，国家对中小工业也宣布实行国有化。工业实行高度集中管理。加强劳动对资本的进攻，结束对工厂的工人监督。（3）在交换方面，政府实行最小限度的商品交易和最大限度的国家分配。限制市场和私人交易随着产品日渐缺乏和物价不断上涨，政府实行凭证供应。根据阶级和年龄的差别，规定不同口粮标准。（4）推行平均主义的分配制度，缩小社会成员之间的生活差距。（5）实行普及于一切阶级的成年人劳动义务制，实行"不劳动者不得食"的原则。

实践证明，"战时共产主义"政策对夺取

战争胜利和巩固政权是行之有效的，但是在建设新社会的过程中，"战时共产主义"政策违背了经济发展的客观规律。列宁说："我们计划用无产阶级国家直接下命令的办法在一个小农国家里，按共产主义原则来调整国家的产品生产和分配，现实生活说明我们错了。为了做好向共产主义过渡的准备，需要经过国家资本主义和社会主义的这些过渡阶段，不能直接凭热情，要借助于伟大的革命所产生的热情，靠个人利益，靠同个人利益的结合，靠经济核算，让这个小农国家里先建立起牢固的桥梁，通过国家资本主义走向社会主义。"[①]

战时共产主义政策是在战争条件下被迫采取的。1921 年，苏俄政府用新经济政策取代了战时共产主义政策。到了和平年代，人们不能再忍受"战时共产主义"政策。于是，苏俄政府开始向新经济政策过渡。

---

① 《列宁选集》第 3 版第 4 卷，人民出版社 1995 年版，第 570 页。

新经济政策的基本内容是：（1）在农业方面，用粮食税代替余粮征集制，纳税后的余粮归农民自己支配，可以用来交换成其他重要物资，这样极大地调动了农民的积极性，提高了农业产量；（2）在工业方面，工业企业停止推行国有化。允许私人经营，并将一部分国有化企业返还给企业主。国家开始支持和鼓励私人经营中小企业。（3）大力发展商业，建立工业和农业的结合点。充分利用市场和商品货币关系，促进工农业生产品种流通，号召人们学习管理经济，学会文明经商。（4）加强同资本主义国家的经济交往与合作。同资本主义交往的最主要形式就是实行租让制，租给他们经营，这样我们就可以引进西方先进技术，学习科学管理经验。"租让企业在经济上对我们有很大好处，当然，他们在建设一些工人村时，将带来资本主义习气，腐蚀农民。但是应该加以注意，应该处处用自己的共产主义影响加以

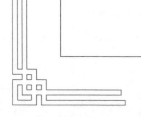

抵制。"①

新经济政策的实质，是从俄国小农占优势的客观实际出发，实行向社会主义的迂回过渡。列宁在"战时共产主义"政策时曾经尝试向社会主义"直接过渡"，也就是在夺取政权后直接用无产阶级的国家法令的强制力量进行改造，但事实证明这样是行不通的。"迂回过渡"是指允许农民自由支配余粮，通过发展商品经济实现商品交换，货币流通，对小农进行改造，采取自愿互利原则，引导农民通过合作化走上社会主义道路。新经济政策的实施，使俄国经济得到迅速的发展，政治趋于稳定，民族团结统一，文化逐渐昌荣。

列宁在十月革命后对俄国的建设做了深刻的思考，逐步形成了他的新经济政策的思路。

把建设社会主义作为一个长期探索过程。列宁认为我们向往的新的社会是需要长时间一点一滴建立起来的，是需要由人民自觉共同创

①　《列宁选集》第 2 版第 40 卷，第 77 页。

造起来的，在探索的过程中，必定会存在曲折和失败，列宁说："我们初次从事新的事业，聪明才智从哪来呢？我们这样试试，那样试试。我们曾随波逐流，因为那时区分不出正确的东西和不正确的东西，要做到能够区分是需要时间的。""我们准备忍受几千个困难，准备做几千次尝试，而且，我们在做了一千次尝试后，准备去做一千零一次尝试。"①

把大力发展生产力和提高劳动生产率摆在首位。建设社会主义最重要的任务就是解放和发展生产力，十月革命后，俄国在制度方面已经超过了资本主义国家，但是在经济和文化方面却远远落后于西方资本主义国家，发展生产力，提高生产效率则至关重要。列宁说："劳动生产率归根到底是新社会制度取得胜利的最重要最主要的东西。资本主义创造了在农奴制度下所没有过的劳动生产率，资本主义可以被最终战胜，而且一定会被最终战胜，因为社会

① 《列宁选集》第 2 版第 38 卷，第 283 页。

主义能够创造新的，高得多的劳动生产率。"①

允许多种经济成分存在，利用和发展商品交换。新经济政策实施之后，列宁改变了原定的消灭旧经济结构的计划，主张在很长的时期内"不摧毁旧的社会经济结构——商业、小经济、小企业、资本主义"，而是活跃它们，使它们受到国家的调节，然后，审慎地逐渐地把它们引导到新的经济运行机制中。列宁说："只要还存在着市场经济，只要还保持着货币权利和资本力量，世界上任何法律都无法消灭不平等和剥削。只有建立起大规模的社会化的计划经济，一切土地、工厂、工具都转归工人阶级所有，才可能消灭一切剥削。"② 尽管列宁生前未对社会主义经济就是商品经济作出明确肯定的回答，但这一思想已内含在列宁的思想之中。

利用资本主义建设社会主义。列宁认为，

---

① 《列宁选集》第 3 版第 4 卷，人民出版社 1995 年版，第 16 页。

② 《列宁选集》第 2 版第 3 卷，第 757 页。

在经济文化落后的国家建设社会主义，必须充分利用资本主义为社会主义服务。利用资本主义包括几个不同层次的内容：一是利用资本主义，特别是国家资本主义。1922年3月，列宁在俄共（布）十一大的报告中对国家资本主义作了新的解释，明确指出俄国要大力发展的国家资本主义与资本主义制度下的国家资本主义的性质是完全不同的。他说："国家资本主义，就是我们能够加以限制、能够规定其范围的资本主义，这种国家资本主义是同国家联系着的，而国家就是工人，就是工人的先进部分，就是先锋队，就是我们。"① 二是借鉴和吸收资本主义的文明成果和一切有益的东西。经济文化落后的国家建设社会主义，必须大胆地吸收和借鉴资本主义所创造的一切优秀成果。列宁指出："社会主义能否实现，就取决于我们把苏维埃政权和苏维埃管理组织同资本主义最新

① 《列宁选集》第2版第42卷，第50页。

的进步的东西结合的好坏。"① 三是充分发挥资产阶级专家们的作用。列宁要求党和国家的各级领导干部，既要领导和指导专家们工作，又要爱护和尊重专家，虚心向他们学习。他严厉地批评了那些只会在办公室里发号施令而不与专家合作共事的领导者为"共产党员自大狂"。他认为，那些出身于资产阶级的"科学和技术专家"要比妄自尊大的共产党员宝贵十倍。

在革命后及时把改革提到日程上来。列宁是人类历史上伟大的无产阶级革命家，他认为革命是广大人民群众自下而上兴起的，一般采取暴力的革命手段，其结果是一种社会制度代替另一种社会制度；而改革则是自上而下有领导有组织的，往往采取改良主义的方法，其结果是同一种社会制度内部质的飞跃。列宁在他逝世前夕，以政治遗嘱的形式，提出了改革党和国家机关的主张。

---

① 《列宁选集》第 2 版第 34 卷，第 170 页。

（二）列宁关于建设社会主义的构想

对十月革命道路合理性的理论论证和深刻总结。针对当时各种否定经济文化落后的俄国进行社会主义革命合理性的谬论，列宁明确指出，俄国的特殊历史条件，决定了俄国必须先进行社会主义革命，然后利用这个优势，大力发展生产力，在这个基础上实现社会主义。在这种情况下，俄国可以把历史顺序颠倒一下，即它不应像西欧国家那样，先发展生产力，发展经济文化，而后去进行社会主义革命，实现社会主义。"既然建立社会主义需要有一定的文化水平，我们为什么不能首先用革命手段取得达到这个一定水平的前提，然后在工农政权和苏维埃制度的基础上赶上别国人民呢?"①

---

① 《列宁选集》第 3 版第 4 卷，人民出版社 1995 年版，第 777 页。

对社会主义的再认识和理论升华。十月革命以前，列宁对社会主义的认识来源于科学社会主义创始人对社会主义的宣讲和论述；十月革命后，列宁则强调实践是检验真理的标准。"我们不得不承认我们对社会主义的整个看法根本改变了"①，这主要涉及三点：一是工作重心要从革命转到建设上来。列宁说："从前我们是把重心放在，而且也应该放在政治斗争，革命，夺取政权等等方面，而现在重心改变了，转到和平的'文化'组织工作上去了"②。二是苏维埃政权下的合作社已经不再是集体资本主义，而是社会主义性质的了。在政权和主要生产资料掌握在工人阶级手里以后，合作社的性质发生了变化。三是无产阶级夺取政权以后，改良（即改革）已经取代了革命而上升为推进社会主义事业的主要手段。在无产阶级争

① 《列宁选集》第 3 版第 4 卷，人民出版社 1995 年版，第 773 页。
② 《列宁选集》第 3 版第 4 卷，人民出版社 1995 年版，第 773 页。

夺政权以前，革命是无产阶级斗争的主要手段。

对建设社会主义的新构想。一是进行农业合作化。列宁发现，合作社组织是在农民个人利益服从国家利益的前提下，把个人利益和国家利益结合起来的最好形式。应通过合作社用社会主义原则改造农业，把农民引上社会主义道路的合作社。列宁说："在我国，既然国家政权操在工人阶级手里，既然全部生产资料又属于这个国家政权，我们要解决的任务的确就是剩下实现居民合作化了。"[①] 列宁意识到，实行合作化不只需要国家财政上的支持，还要有一定的思想和文化条件，只有把合作化和文化革命联系起来，才会有更好的发展。在评述合作化的意义时，列宁说道："在生产资料公有制的条件下，在无产阶级对资产阶级取得了阶级胜利的条件下，文明的合作社工作者的制度就是社会主义制度。"二是实行工业化和电气

---

① 《列宁选集》第 3 版第 4 卷，人民出版社 1995 年版，第 767 页。

化。列宁认为，大工业是社会主义赖以建立的物质基础，电气化则是推进工业化的重要标志和手段，列宁认为，落后国家建设社会主义最重要的任务就是大力发展生产力。"无产阶级取得国家政权以后，它的最主要最根本的需要就是增加产品数量，大大提高社会生产力。"列宁指出，只有当国家实现了电气化，对工业、农业和运输业打下基础时，我们才能取得彻底的胜利。为了大力发展生产力，列宁提出了实现工业化和电气化的宏伟设想。他指出：建立社会主义社会的真正的、唯一的基础只有一个，这就是大工业。列宁把复兴和发展工业和电气化联系起来，提出了"共产主义就是苏维埃政权加全国电气化"的著名公式。三是加强国家政权建设和执政党建设。在国家政权建设方面，加强国家的专政职能，巩固年轻的苏维埃政权；发扬民主，最大限度地发挥人民群众的积极性和创造性；改革国家机关，精简机构，反对官僚主义。在执政党建设方面，强调重视党员质量，还特别强调党的团结，尤其是党中央的团结，防止分裂。在民族问题上，列宁既反对俄罗斯民族主义，又反对狭隘民族主义。"对无产者来说，不仅重要，而且及其必要的是保证在无产阶级的阶级斗争中取得异族人的最大信任。"① 要取得少数民族的信任，大民族必须做出让步。四是开展文化建设和文化革命。列宁提出文化建设对于社会主义非常重要，十月革命前的俄国，民众的知识水平非常底下，居民多数是文盲。在十月革命后，落后的文化水平给俄国的经济建设和民主政治建设带来了极大的阻碍，所以列宁提出了开展文化建设和文化革命的想法。其中文化革命的内容很多，包括加强教育力度，扫除文盲；对民众加强思想道德教育；培养专门人才。列宁强调，一是要加大教育经费，二是要提高教师的生活水平和社会地位。列宁对文化革命给予很大的希望："只要实现了这个文化革命，我们

① 《列宁选集》第3版第4卷，人民出版社1995年版，第785页。

124

的国家就能成为完全社会主义的国家了。"①

总之，以新经济政策为主要标志的，列宁晚年的社会主义建设思想，是列宁对社会主义建设的有益探索，集中体现了列宁从经济、政治、文化等方面为科学社会主义发展做出的巨大贡献。列宁晚年对社会主义的重新认识，是关于落后的俄国走向社会主义的一种战略构想，从俄国国情出发，把马克思主义同俄国的实际相结合起来。这也给邓小平同志开创有中国特色社会主义的道路提供了指导和借鉴。邓小平说："社会主义究竟是个什么样子，苏联搞了很多年，也并没有完全搞清楚。可是列宁的思路比较好，搞了个新经济政策。"②

---

① 《列宁选集》第3版第4卷，人民出版社1995年版，第774页。
② 《邓小平文选》第3卷，第139页。

七、列宁主义的世界意义

（一）列宁主义是对马克思主义的发展

列宁主义是帝国主义时代和无产阶级革命时代的马克思主义。列宁主义的本质和精髓，就是把马克思主义的基本原理与时代特征及俄国具体实际相结合。它在解决俄国问题的过程中产生，是适合俄国实际的科学理论。列宁主

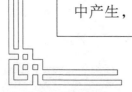

义坚持把马克思主义和新的历史时代的无产阶级革命运动相结合，深入研究了资本主义发展到帝国主义阶段的规律，总结了无产阶级和资产阶级阶级斗争的新经验，概括了 20 世纪初期社会科学、自然科学发展的最新成果，创造性地运用和发展了马克思主义，从而使马克思主义理论达到了一个新阶段。正是在这个意义上，我们说列宁主义是帝国主义和无产阶级革命时代的马克思主义。列宁在新的历史条件下坚持和发展了马克思主义的基本原理，解决了时代变迁带来的问题，是马克思主义的延续和发展，将马克思主义推向新时期。

第一，创造性地提出帝国主义时代无产阶级革命可以首先在一国或几国胜利的理论。马克思主义认为，无产阶级革命将同时在几个发达国家得到发展。但列宁在分析帝国主义时发现了各帝国主义经济政治发展不均衡、不统一的现状。所以它打破了马克思主义的相关观点，得出了社会主义革命能够首先在一国或多个国家得到发展的结论。列宁还认为，由于无产阶级操控着国家大权，能支配生产资料，当无产阶级和农民结成联盟时，无产阶级成为领导农民的主要力量，社会主义能够在一国建成。

第二，提出由无产阶级领导资产阶级民主革命。列宁指出在资产阶级民主革命中，无产阶级应当而且能够成为革命的领导者，而且无产阶级在革命一开始时就应争取执掌民主革命的领导权，使革命刻上无产阶级的标记。他指出无产阶级在民主革命中的领导作用，就是领导农民的领袖作用。列宁还认为资产阶级民主革命和社会主义革命是一个链条中的两个环节，它们之间既有联系又有区别。无产阶级在民主革命胜利后应努力实现民主革命向社会主义革命的转变。关于从民主革命向社会主义革命转变的理论，列宁主义着重强调正确处理民主革命与社会主义革命关系的重要性，正确分析了由民主革命转变为社会主义革命的任务和策略，并且确切地提出了无产阶级在民主革命中的领导权、无产阶级革命和资产阶级革命的区别。

　　第三，关于无产阶级专政的理论。无产阶级专政是无产阶级的政治统治，是用暴力推翻资本政权的方法，这个基本思想是马克思和恩格斯所提出的。列宁指出无产阶级专政在过渡时期必要，在社会主义条件下同样必要。强调无产阶级专政的职能和无产阶级专政的民主性。

　　列宁还指出，无产阶级专政是人类历史上新型民主和新型专政的国家制度。它同以往剥削阶级的国家制度不同。特别指出这个事实：无产阶级专政是阶级社会中民主的最高类型，是代表多数人（被剥削者）利益的无产阶级民主的形式，它和代表少数人（剥削者）利益的资本主义民主是完全相反的。一切剥削阶级国家，都是少数剥削阶级享有民主、实行对大多数人的统治。而无产阶级专政的国家，是对广大劳动人民实行民主，对少数剥削阶级和敌对分子实行专政。因此，无产阶级专政的国家是阶级社会内最高类型的民主。

　　第四，发展了马克思主义的建党学说。列宁在这方面的新贡献，就在于他适应帝国主义时期无产阶级斗争的新条件，向前发展了这些要点。在新的历史条件下，其将马克思主义党的学说运用于俄国，建立了不同于第二国际各国党的新型无产阶级政党。列宁针对经济派和孟什维克派把党看成是一个成分复杂、组织涣散、没有定型的团体的错误观点，明确指出党是工人阶级的先进的有组织的部队，是工人阶级的领导者。党应由职业革命家和无产阶级先进分子所组成。党应有铁一般的纪律，他指出"只有以先进理论为指南的党，才能实现先进战士的作用"，而马克思主义是现代唯一正确的革命理论，因此，党必须坚持以马克思主义为指导思想，列宁总结了俄国建党的经验教训，在无产阶级政党史上首次明确提出以民主集中制作为党的基本组织原则。它的基本内容是：党的组织按选举原则自下而上地建立，党内的一切事务由一律平等的党员直接或者通过代表来处理，党的领导人和机构是选举出来的，他们对党负责，可以撤换；党内行动一致、讨论自由和批评自由；实行少数服从多

数、下级服从上级、个人服从组织、部分服从
整体的原则。列宁还创造性地提出了建党道路
及巩固党和正确进行党内斗争的重要原则。

第五，发展了马克思主义民族殖民地问题
的理论，认定民族殖民地问题是无产阶级世界
革命总问题的一个组成部分，无产阶级革命运
动和民族解放运动要互相支持，只有国际无产
阶级和被压迫民族联合起来才能彻底推翻帝国
主义。列宁还论述了落后的被压迫民族在先进
民族帮助之下可以越过资本主义阶段直接过渡
到社会主义社会。列宁的突出贡献是把民族问
题同殖民地问题联系起来，把被压迫民族的解
放斗争和社会主义革命运动结合起来，提出民
族问题上的新的战略和策略，创立了完整的民
族殖民地理论。

第六，提出了关于改革和完善无产阶级国
家机关的思想。在苏维埃国家的初期，由于国
家机关是在资产阶级政府的官僚机器的废墟上
建立起来的，所以当时的苏维埃国家机关机构
臃肿，人浮于事，官僚主义严重，工作效率低

下。严重地阻碍了经济的发展，危害了国家政权稳固。为此，列宁指出，必须进行有领导的和顽强的斗争来改善国家机关。他认为改革国家机关的关键是加强和改善党对国家的领导，解决好党政分工问题，实现决策过程民主化。要加强对各机关、部门进行监督和检查。在国家机关内充分发扬民主，健全社会主义法制。改革国家机关应遵循"宁可数量少些，但要质量高些"的原则。努力选拔有知识、受过训练和教育的具有真正现代水平的人才到国家机关中来，为此，应建立完善的干部考试、考核和奖惩制度以及人才选拔制度。列宁还指出，虽然革命取得了胜利，国家政权性质发生了变化，但文化的落后状况没有也不可能立刻发生变化。为了建设社会主义，就必须加强社会主义文化建设。应该继承资本主义遗留下来的优秀文化，努力吸收外国的科学技术成果和先进的管理经验。必须大力发展教育事业，努力提高人民群众的文化水平和文化素质。

第七，关于社会主义建设的理论。十月革

命后，列宁在实践中反思马克思、恩格斯关于社会主义的预想，提出了符合俄国实际的社会主义建设新理论。指出社会主义应建立在大机器工业的基础上。提出农业合作化问题，希望通过合作制用社会主义原则改造农业的思想。发展商品经济，强调利用资本主义建设社会主义。同时明确要求开展文化革命，进行社会主义文化建设、国家政权建设和执政党建设。

所以我们说列宁主义将马克思主义发展到了一个新的阶段，是帝国主义和无产阶级革命时代的马克思主义。决不能把列宁主义和马克思主义分割开来，更不能把列宁主义和马克思主义对立起来。

（二）对列宁主义的评价

列宁总结了马克思逝世以后的自然科学的发展状况，坚持和发展了马克思主义的唯物主义和辩证法；研究了自由资本主义、垄断资本主义和社会主义的经济基础，为马克思主义政治经济学提供了划时代的新内容。列宁主义同马克思主义一样，都是无产阶级的思想体系，都是无产阶级根本利益的科学表现，都是无产阶级解放事业的行动指南和无产阶级政党的指导思想。列宁主义的伟大主要体现在：列宁主义不仅揭露了第一次世界大战的实质，而且指出了摆脱战争的出路。列宁依据马克思、恩格斯关于资本主义形态新阶段的原理，总结了大量的现实材料，建立起一整套论述垄断资本主义的学说体系，揭示了资本主义发展的不平衡性，提出了无产阶级革命可以在帝国主义最薄弱环节的一个或几个国家中取得胜利并建成社会主义的光辉理论。在这一理论的指导下，列宁领导了俄国十月革命，建立了第一个无产阶级专政的国家，为全世界无产阶级和劳动人民的解放提供了成功的范例，对马克思主义的科学社会主义学说做出了重大贡献。其中，列宁在进行社会主义经济建设、民主政治建设、文化建设和工人阶级执政党建设等方面提出了许多宝贵的理论，这些理论不仅对当时俄国的社会主义革命和建设起到了重要的指导作用，而且对于跨入新世纪的我国社会主义建设实践仍然是极为宝贵的精神财富。

（三）列宁主义与当今时代的关系

列宁主义在当今仍有其时代意义，仍然是我们认识世界和改造世界的科学理论纲领。

第一，列宁关于"帝国主义就其经济实质来说，是垄断资本主义"，而垄断资本主义"是从资本主义结构向更高级的社会经济结构的过渡"的论断，今天不仅没有过时，而且越来越显出其旺盛的生命力。列宁列举的垄断资本主义的五种主要表现（生产集中、金融寡头、资本输出、国际垄断同盟、争夺势力范围），仍然适用于当代资本主义。列宁在这里使用的"向更高级的社会经济结构的过渡"，主要是指向社会主义经济结构的过渡。列宁同时也看出了垄断资本主义向"国家垄断资本主义"过渡的征兆。当代资本主义的突出特征：一是资产阶级国家强化对社会经济的干预，不仅出现了国家垄断资本，而且出现了国家资本跨国公司；二是与国家垄断资本并驾齐驱的私人垄断资本由一般财团转变为势力强大的跨国公司。国家垄断资本不仅在国内拥有大量企业，而且直接从事资本输出，建立国家垄断的跨国公司，私人垄断组织也有巨大发展。尤其值得注意的是，经济上的国际垄断，必然会带来政治上对别国主权的干涉。这一点同列宁时代的垄断资本主义实质其实是一样的，只是形式有所不同。因此，列宁关于"垄断资本主义"的科学论断仍然是我们认识当代资本主义的理论武器。当然，在分析当代跨国公司现象时，我们要注意区分发达资本主义国家同发展中国家之间的资本扩张与反扩张的性质。直到今天，第三世界的跨国公司在国际经济中所占份额仍然微乎其微。

第二，列宁关于国家、专政及民主的阶级实质的论断，仍然是正确的。在《国家与革命》等著作中，揭示了国家的本质，明确指出"国家是统治阶级压迫被统治阶级的工具"，阐述无产阶级专政是"新型民主和新型专政的国家形态"，并充分论证民主是国家形式。这些思想在今天仍然闪烁着真理的光辉。列宁逝世后，在资本主义世界出现的法西斯主义、纳粹主义以及由它们引起的第二次世界大战，都一次次地证明，战争与暴力的总根源在哪里。"二战"后50多年，在资本主义国家，由资本巨头操纵和影响政府的换届及决策的实质没有变。只不过在列宁时代是单个的大资本家有力量直接发挥作用，而现在则是财团联盟罢了。

第三，列宁在20世纪20年代新经济政策时期执行的各项方针，今天仍然给社会主义国家的改革以指导性的启迪。新经济政策是在无产阶级专政的国家掌握了国家经济命脉的条件下，充分利用商品货币关系，利用市场，建立城乡之间的经济联系，同时大力发展国营商业和合作社商业，通过市场竞争，把资本家从商品流通中排挤出去。尤其是提出"利用国家资本主义"，采用租让制，租借的形式把某些国营企业租给外国资本或私人经营。这些思想对于今天的社会主义经济建设具有重要的指导意义。新经济政策堪称社会主义发展史上的第一次伟大试验。列宁说的"我们对社会主义的看法根本改变了"，仍然是亟待我们深入研究的课题。

第四，列宁关于社会主义制度的建设理论，特别是他在十月革命后提出的一系列新论断，今天仍然是社会主义国家政治体制改革的主要思路。列宁晚年在其八篇"政治遗嘱"中反复强调的重要观点有：（1）必须建设一个符合社会主义制度要求的领导党，即共产党。（2）苏维埃国家机关改革的首要任务是反对从旧社会继承下来的官僚主义，并且认为改革国家机关是一次"划时代"的重要任务，"关系到社会主义的成败"。（3）社会主义民主发展的目标，是从"通过无产阶级先进阶层来为劳动群众实行管理"逐步过渡到"通过劳动群众来实行管理"。这些宝贵思想对于我国的政治体制改革，推进社会主义政治文明建设无疑有着重要意义。

总之，列宁主义对于我国目前的社会主义建设乃至社会主义未来的实践，仍然具有极其重要的指导意义。

八、列宁主义对中国的影响

（一）列宁主义对毛泽东新民主主义
革命理论形成影响

近代中国和俄国两国的国情十分相似，在进入近代之前都经过了长期的封建统治，在本国的内部都自发地产生了资本主义萌芽，但资本主义发展都比较缓慢。在进入近代之后，两

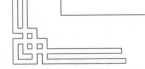

国又都是各种矛盾的焦点。这种相似的国情成为列宁主义对毛泽东新民主主义理论产生影响的社会基础。

十月革命爆发之前，中国的知识分子对中国的前途进行了积极的探索。中国的少数留学生、知识分子虽然知道并介绍过马克思及其学说的轮廓，但这在中国及知识界并没有产生什么影响。十月革命以前，中国人是不知道马克思列宁主义的，虽然也曾有人接触过社会主义思想，但对科学社会主义并不了解，也未多做介绍。十月革命的胜利，极大地鼓舞了备受帝国主义、封建主义压迫和奴役的中国人民，给中国人民指出了革命的根本方向，并给中国人民送来了马克思列宁主义。中国人民首先是广大青年学生和知识分子的觉悟和认识大大地提高了，争取民族解放和自由的革命斗争意志更为增强了。因此，当 1919 年巴黎和会上丧权辱国的消息传来时，人们心头掩不住的愤怒像火山一样迸发出来，掀起了反对日本帝国主义和卖国军阀政府的伟大的五四运动。虽然五四运动开展时还没有中国共产党，但是却有了一批具有初步共产主义思想的知识分子，五四运动的初期，是共产主义知识分子、革命的小资产阶级知识分子和资产阶级知识分子三部分人的统一战线的革命运动，其中共产主义知识分子是革命的领导骨干，而资产阶级知识分子乃是它的右翼。

毛泽东在评价五四运动时说："五四运动是反帝国主义的运动，又是反封建的运动。五四运动的杰出的历史意义，在于它带着辛亥革命还不曾有的姿态，这就是彻底地不妥协地反帝国主义和彻底地不妥协地推翻封建主义。五四运动之所以具有这种性质，是在当时中国的资本主义经济已有进一步的发展，当时中国的革命知识分子眼见得俄、德、奥三大帝国主义国家已经瓦解，英、法两大帝国主义国家已经受伤，而俄国无产阶级已经建立了社会主义国家，因而发现了中国民族解放的新希望。五四运动是在当时世界革命号召之下、是在俄国革命号召之下、是在列宁主义号召之下发生的。

五四运动是当时无产阶级世界革命的一部分。五四运动时期虽然还没有中国共产党，但是已经有了大批的赞成俄国革命的具有初步共产主义思想的知识分子。

经过五四运动、十月革命和社会主义，苏联对中国的影响更加扩大、更加深入了，新文化运动也就进入了一个新的阶段。五四运动不但是反帝爱国的政治运动，也是文化思想运动。从五四运动起，由于共产主义知识分子的倡导，新文化运动就不只是反对封建主义的思想运动，而且是反对帝国主义的思想运动；不只是主张民主和科学，而且是主张学习马克思主义和俄国革命的经验了。因此，新文化运动开始由宣传资产阶级民主主义转变为磅礴的宣传社会主义的思想潮流，并且发展成中国革命史上的第一次马克思主义思想运动。"

中国人真正认识和接受马克思主义是在十月革命之后。"在资产阶级领导的旧民主主义革命时期，在二十世纪初，有一部分从清朝统治下逃亡到日本和欧洲去的资产阶级和小资产

143

阶级知识分子，也曾因为受到西欧工人阶级解放运动的冲击，接触到社会主义，但他们并没有了解科学社会主义。"在十月革命的影响下，中国的思想界才真正出现了社会主义的思潮。中国的先进知识分子在欢呼和向往十月革命的同时，很快接受了马克思列宁主义。中国工人阶级的阶级觉悟迅速提高了，并且在五四运动中以中国历史上的第一次政治罢工登上了中国革命的舞台，显示了中国工人阶级的伟大力量，从而奠定了马克思列宁主义在中国传播的社会基础，推动了先进知识分子和工人运动的结合。

列宁主义是帝国主义和无产阶级革命时代的马克思主义。资本主义发展到帝国主义阶段，各种矛盾不断地激化，各个大国之间矛盾也不断地升级，最后终于导致第一次世界大战爆发。列宁主义正是在这样的历史背景下产生的。在第一次世界大战之前，第二国际的各个国家的无产阶级政党需要解决的最迫切的问题之一是被压迫民族和殖民地解放问题，对帝国主义斗争的方法问题，推翻帝国主义的道路问题。列宁提出了在民族自觉的基础上支持被压迫民族和殖民地解放运动的政策，在这样的历史条件下，列宁主义为殖民地半殖民地国家的民族解放和国家独立提供了强大的理论武器和策略方法。从鸦片战争开始，中国逐步沦为半殖民地半封建社会。自强不息的中国人开始了探索自己国家的独立富强之路，在这条艰辛的道路上，早期的先驱效仿西方资本主义国家的发展道路，但是，这条道路是行不通的。中国人民迫切地需要一个适合中国国情的指导理论来指引中国走向独立富强。而十月革命为中国人民送来了列宁主义，其为殖民地半殖民地国家提供了民族独立的重大策略和方法，这正是中国共产党人选择和接受列宁主义的原因。

列宁主义之所以对于中国无产阶级政党具有很大的吸引力，因为列宁主义具有战斗性和革命性，而这正是中国革命所迫切需要的。由于中俄两国近代国情的形似造成了中俄两国革命情况的形似。这样一来，中国无产阶级政党、毛泽东自然而然地选择了列宁主义。

（二）列宁主义与毛泽东新民主主义 革命理论的内在联系

20 世纪的俄国，是一个资本主义发展不平衡的国家，无产阶级政党在这样的国家领导革命，就不得不首先分析本国资产阶级的特点。列宁指出，在民主主义的政治斗争中，俄国工人阶级却不是孤立的；所有一切持反政府态度的分子、阶层和阶级，都是与其站在一起的，因为他们也仇视专制制度，并用这种或那种形式进行反对专制制度的斗争。在民主主义的政治斗争中，资产阶级、有教养的阶级、小资产阶级以及受专制制度迫害的民族或宗教和教派等的持反政府态度的分子都可以成为无产阶级的合作力量，而这些合作者的阶级性质基本上是资产阶级。然而俄国的资产阶级并不是在任何条件下都能够成为无产阶级的盟友。"资产阶级不能不意识到专制制度阻碍工业与社会的发展，但它害怕政治和社会制度完全民主化，随时都能与专制制度结成联盟来反对无产阶级。"在革命的各个时期，无产阶级都同资产阶级结成了联盟，这样一来增强了无产阶级自身的力量，推进革命的胜利。

毛泽东借鉴了列宁对资产阶级特点分析的方法，在走上革命道路的初期就对中国的各种阶级在革命中的作用作了初步的分析。他指出，"无产阶级是我们革命的领导力量。一切半无产阶级、小资产阶级，是我们最接近的朋友。那动摇不定的中产阶级，其右翼可能是我们的敌人，其左翼可能是我们的朋友——但我们要时常提防他们，不要让他们扰乱了我们的阵线"。

（三）列宁主义对毛泽东新民主主义
革命理论的影响及其作用

列宁主义在十月革命的影响下传播到中国，很快被以共产党人为代表的知识分子所接受，并在这一理论的直接指导下建立了中国共产党。在中国革命进程中产生的毛泽东思想正是在列宁主义的基础上，从中国的历史背景、社会情况出发，深刻地分析中国革命的特点和规律创立起来的。列宁主义就成为了毛泽东思想的主要理论来源。因此，"毛泽东思想，就是马克思列宁主义的理论与中国革命的实践之统一的思想，就是中国的共产主义，中国的马克思主义"。新民主主义理论的主要理论来源就是列宁主义。列宁主义关于无产阶级要在民主革命中争取领导权的思想，为毛泽东在新民主主义理论中提出争取无产阶级的领导权提供了理论基础；列宁主义提出分析资产阶级性质的思想，争取同其他阶级结成联盟的思想，为毛泽东统一战线理论提供了理论基础，中国最初的统一战线就是在列宁主义的直接指导下建立的，而毛泽东则根据中国革命的实际情况发展了这一理论；建党学说是列宁主义的重要内容，其直接指导了中国共产党的建立，同时为毛泽东的建党学说提供了理论基础，把列宁主义建党学说发展得最完备的是毛泽东，这也是毛泽东对马克思列宁主义建党理论的一大贡献。毛泽东应用列宁主义关于无产阶级在民主革命中的领导权的思想，结合对中国社会的深刻分析，提出了完整的新民主主义革命的理论和一整套正确的方针、政策，开辟了一条中国式的民主革命的道路。

（四）毛泽东对列宁主义认识的评价

毛泽东对于列宁主义的认识和运用，不是出自其主观目的，而是中国革命发展的需要。在中国革命的发展进程中，首先要解决的就是谁是朋友谁是敌人的问题，这样毛泽东运用列宁主义分析资产阶级的方法，深刻分析了中国社会阶级的情况，明确了无产阶级的敌人和同盟军，这种分析并不是一次性的，随着革命进程的发展，毛泽东不断地辩证分析各个阶级状况的变化，不断地调整政策、策略，以确保中国共产党领导下的无产阶级能够团结最广大的力量来反对共同的敌人，确保中国革命的胜利。

毛泽东根据列宁主义革命发展阶段论的思想，分析了中国革命的性质，并且制定了正确的战略步骤。中国共产党领导的革命还不是无产阶级社会主义革命，而是资产阶级性质的民主主义革命，这样的革命由于中国共产党领导的工人阶级的参加改变了其发展的前途。革命的最终目的并不是建立一个资产阶级性质的国家，而是要建立无产阶级专政的社会主义国家。这就为中国共产党在领导革命的过程中制定正确的方针政策奠定了基础。

中国共产党是在列宁主义的直接指导下建立的，是一个以马克思列宁主义为指导思想的无产阶级政党，中国共产党建立之初就把它写在了自己的党章上。但是，由于中国是一个以农民为主要阶级存在的国家，中国共产党内部存在着大量的非无产阶级思想，这就需要中国共产党人在革命的进程中不断完善自身的建设。毛泽东创造性地运用列宁主义建党学说，结合中国共产党的实际情况，提出了一系列党的建设思想，丰富并发展了马克思列宁主义关于建党学说的内容，为中国革命的胜利提供了坚实的组织保障。

（五）列宁主义对中国革命的影响

鸦片战争以后，中国逐渐沦为半殖民地半封建社会。中国人民为了挽救民族危亡，反抗阶级压迫，进行了长期反封建的英勇斗争。中国先进分子为了探求救国救民的真理，他们都以西方为榜样，从学习西方的坚船利炮的技术，到思想改良的引进，渴望建立资产阶级民主共和国的理想，在很长时期里把西方资产阶级革命时期的社会理论，作为反帝反封建的思想武器。然而第一次世界大战后，资本主义的危机，又不能不使他们迷茫和反思。在所有努力都失败的情况下，中国的先进分子不得不重新探求救国救民的真理，这就为马列主义在中国的传播提供了良好的社会条件。正如毛泽东指出："马克思列宁主义来到中国之所以发生这样大的作用，是因为中国的社会条件有了这

152

种需要，是因为同中国人民革命的实践发生了联系，是因为被中国人民所掌握了。任何思想，如果不和客观的实际的事物相联系，如果没有客观存在的需要，如果不为人民群众所掌握，即使是最好的东西，即使是马克思列宁主义，也是不起作用的。"这从根本上说明中国革命迫切需要马列主义的指导。

列宁主义对中国革命的影响，一方面表现在列宁主义在革命性质、道路以及策略上，给了中国革命家深刻的启示，使他们一旦接受了列宁主义，便无论从思想上还是行动上，都致力于列宁主义理论学习、宣传并运用于中国革命的实践，使之与中国的实践结合起来，促进了中国革命理论与实践的发展；另一方面，还直接体现和反映在列宁主义具体运用于中国革命实践中所迸发出来的强大威力，指导着中国革命从胜利走向胜利。

列宁运用马克思主义的观点和方法对帝国主义的经济、政治进行了系统深入的研究。他认为，进入垄断资本主义阶段即帝国主义阶段以后，由于资本主义大工业经济在新的科学技术推动下突飞猛进，资本主义经济政治发展的不平衡空前加剧。这样势必引起帝国主义之间的战争，而这种战争削弱着帝国主义的力量，造成了帝国主义链条上的最薄弱环节，因而为无产阶级革命在一国或数国首先胜利提供了时机。

列宁的这一理论，很快就在俄国十月革命中得到了检验。实践证明，它是对马克思主义的重大丰富和发展。然而，这一理论更深远的意义还在于它向中国这样一个处在半殖民地半封建的落后国家的无产者和先进分子指出了革命的前途，使他们能够充满革命的信心去发挥主动性，向旧世界冲击和挑战。同时，也从理论上为各国马克思主义者树立了榜样，那就是不能把马克思主义当作一成不变的教条。马克思主义是一种科学的认识世界的方法，只有用这一方法来观察社会，并使之与本国的实践相结合，和时代特点相吻合，才能更好地发挥马克思主义的强大认识工具的力量。

列宁在新的历史条件下，将马克思、恩格斯的无产阶级政党学说同俄国革命和建设的具体实践结合起来，创建和领导了新型的无产阶级政党，并创立了新型无产阶级政党的理论，提出了无产阶级政党组织建设、思想建设的一系列重要原则。

列宁指出，无产阶级革命政党，必须由无产阶级队伍中最有觉悟、最积极、最先进的分子组成；必须以马克思主义理论为指南；有一个正确的纲领作为全党团结战斗的旗帜；必须按照民主集中制的原则组织起来，有统一的章程、统一的纪律、统一的领导机关，成为一个有组织的整体；必须与广大人民群众保持密切的联系。只有这样，无产阶级政党才能有效地领导无产阶级进行革命斗争，夺取革命胜利。

列宁关于政党建设的理论和原则为在资本主义不发达、封建军事专制残余浓厚的俄国建立有高度组织纪律性，有强大革命战斗力的新型的马克思主义无产阶级革命政党奠定了理论基础。20 世纪 20 年代初，中国工人阶级刚刚登上政治舞台不久，马克思主义在中国传播的时间也不长，中国早期的共产主义者，对马克思主义的基本原理，特别是对建党学说还知之甚少。他们当中的一些人还分辨不清马克思主义同资产阶级社会主义、小资产阶级社会主义以及封建社会主义等流派之间的界限，如果在这种状况下创建共产党，必然要经过相当一段时间的摸索，甚至可能走弯路。当时的共产主义者由于受俄国十月革命的影响，得到共产国际的帮助，因而没有受到第二国际机会主义的影响，一开始就以列宁的建党思想为指导，以布尔什维克党为榜样，从而少走了许多弯路。毛泽东同志说："中国共产党就是依照苏联共产党的榜样建立起来和发展起来的一个党。自从有了中国共产党，中国革命的面目就焕然一新了。"在领导中国革命的过程中，中国共产党始终遵循列宁的建党原则，以列宁的建党理论为指导，使中国共产党成为一个新型的无产阶级革命政党，成为中国革命的领导核心。

列宁主义之所以能够成为马克思主义在中

国传播的中介，并对中国革命产生如此巨大的影响，除去中国革命本身内在的需求和列宁主义的时代特点外，最根本的原因也还在于俄国社会历史、文化、经济与中国的相似和接近。

首先，俄国的历史和中国有许多相似之处。俄国和中国都经历了漫长的封建社会，两国的近代史也是惊人相似的。一是俄国和中国都因落后而受到西方国家的欺辱，都是在挨打的痛苦中领略到了西方资本主义文明的力量，从而开始寻求出路向西方学习，并由此开始了自己的近代历史。二是两国的资产阶级都未得到充分发展，大多数人口生活在农村，而农村资本主义的影响尚未对旧秩序构成威胁。资产阶级无力完成领导资产阶级民主革命的任务，因为它们找不到可以依靠的社会力量，提不出具有现实性的斗争目标。

其次，20世纪上半叶，中国形成了与十月革命前的俄国相类似的国内形势，中俄两国当时都处于世界各种矛盾的焦点。工人、农民与资本家、地主的矛盾日益激化，在俄国还有封建沙皇的专制统治与人民群众以及新兴资产阶级的矛盾，有俄国与其他帝国主义列强的矛盾；在中国，众多的帝国主义强盗为瓜分中国而争斗不已，中国人民反抗帝国主义侵略、反抗封建地主压迫的斗争日益激烈，民族矛盾、阶级矛盾日益尖锐。所有这一切，为人民革命提供了十分有利的条件。

最后，中俄两国的文化特征也有某些共同之处。文化是社会行为的积淀。由于中俄两国都经过了漫长的封建社会，都是高度集权的专制统治，因而在两国的文化特征中都反映出缺乏理性精神，重集体主义，注重人自身的内在修养、精神生活和人际关系的一面，而这种文化特征正是以自然经济为基础的中俄封建专制制度的共同反映。

另外，经济上俄国是一个不发达的封建军事帝国主义国家，而中国是一个更落后的封建帝国。中俄两国在历史、社会状况、经济与文化特点等方面的相似，构成了两国现代历史发生共振的深厚有力的基础。列宁主义正是适应俄国的这种社会要求而产生的一种体现马克思主义与落后俄国的现实相结合的科学理论体系。正因为这样，列宁主义一经传入中国就在中国广泛传播并在同中国实际相结合的具体运用中产生出巨大的威力。

迄今为止，列宁主义与社会主义革命和建设的实践一起，已经走过了 90 多个春秋。当我们拂去历史的尘埃，重新审视列宁主义对中国革命影响的时候，需要一个真正的、科学的、马克思主义的态度，既要肯定它的巨大贡献，也要看到由于错误地或教条化地运用列宁主义所带来的损失。

对待列宁主义我们应该采取马克思主义的一贯态度，始终与本国、本民族的特点相结合，坚持具体情况具体分析的原则。切不能脱离当时的历史环境，把列宁主义的观点和思想体系孤立和割裂开来，当成一成不变、随处适用的圣经。因此，用科学的态度去看待列宁主义对中国革命的影响，要求我们不能以今天的形势和条件去苛求当时的列宁，更不能以某些局限性去否定列宁的基本贡献。

列宁主义主要形成于 20 世纪上半叶，它立足于俄国，扎根于俄国的土壤，因此，列宁主义的一些具体内容不可避免地带有民族的和历史的特点。诚然，列宁在俄国的特殊环境或特定的历史时期所作的某些论述，随着实践和历史条件的变化会显得过时或有局限性。但是，总地来看，在帝国主义和无产阶级革命时代，列宁主义的一系列基本的理论、策略和方法，经过实践的检验是正确的和科学的，它不但对落后国家的革命和社会主义道路有着比较普遍的指导意义，同时也必然对整个国际无产阶级革命发生深刻的影响。需要指出的是，在列宁逝世后，由于斯大林把列宁主义教条化，把共产国际经验神圣化，以至于在指导中国革命过程中产生了一些消极影响，给中国革命造成一定的损失。但这和列宁主义本身无关，我们必须严格区分列宁主义与"被教条化了的列宁主义"，不能以此来否定列宁主义对马克思主义的重大贡献，否定对中国革命的重大影响。

　　同时，我们也不能在实际运用中，无视时代特点，把片面强调和夸大马列主义的某些观点而导致的失误一并归结为列宁主义。例如，对于阶级斗争的历史作用和意义，恩格斯曾经指出："阶级对立和阶级斗争构成了直到今日的全部成文史的内容。"列宁更加强调了阶级斗争在帝国主义和无产阶级革命时代的作用。所以，中国革命像俄国革命一样，也始终把阶级斗争放在首位。在中国革命过程中，中国的马克思主义理论十分突出阶级斗争、暴力革命和无产阶级专政的作用，主张武装夺取政权，然后由民主革命转入社会主义革命等。这些虽然都是列宁在俄国革命中所获得的宝贵经验的总结，也是列宁主义的特点之一，但是阶级斗争的意义后来被毛泽东发展到了极端，他说："马克思主义的道理千条万绪，归根结底，就是一句话：'造反有理。'几千年来总是说：压迫有理，剥削有理，造反无理。自从马克思主义出来，就把这个旧案翻过来了，这是一个大功劳。这个道理是无产阶级从斗争中学来的，而马克思作了结论。根据这个道理，于是就反抗，就斗争，就干社会主义。"这就得出了只有靠阶级斗争才能干社会主义的错误结论。毛泽东在晚年更是夸大了阶级斗争的作用和意义，提出了"无产阶级专政下继续革命"的理论，强调"以阶级斗争为纲"，完全反映不出生产力发展对阶级斗争的决定作用。因此，不能把这种对阶级斗争的片面夸大和泛化当成是列宁主义造成的。

20世纪的世界历史已经证明，列宁主义是发展了的马克思主义，坚持列宁主义与坚持马克思主义是一致的。历史走到今天，尽管世界形势发生很大变化，但资本主义的基本矛盾并没有变化，帝国主义的本质并没有变化，无产阶级的历史使命并没有变化。所以，列宁主义的基本原则并没有过时，对当代社会主义实践依然具有现实指导意义。因此，对于中国共产党人来说，坚持和发展列宁主义，最根本的，就是要将马克思主义与中国实践相结合，只有这样，才能更好地坚持和发展马列主义，建设有中国特色的社会主义。我们坚信，在邓小平理论的指引下，中国的社会主义建设和理论必将会对 21 世纪国际社会主义运动产生更为积极和深远的重大影响。

SHEN ME SHI LIE NING ZHU YI

参考文献

［1］斯大林《论列宁主义基础》(1924 年 4 月).

［2］《马克思列宁主义基本问题》（第四版）中共中央党校出版社.

［3］《列宁选集》（第二版）人民出版社出版.

［4］《列宁选集》（第三版）人民出版社出版.

［5］《邓小平文选》（第三版）人民出版社出版.